Feminismos, ações e histórias de mulheres

Feminismos, ações e histórias de mulheres

Maria Amélia de Almeida Teles

ema livros

alameda

Grafia atualizada segundo o Acordo Ortográfico da Língua Portuguesa de 1990, que entrou em vigor no Brasil em 2009.

Edição: Haroldo Ceravolo Sereza & Joana Monteleone
Coedição: Ema Livros
Projeto gráfico e diagramação: Maria Beatriz de Paula Machado
Capa: Amanda Martinez e Sá
Assistente acadêmica: Tamara Santos
Revisão: Luciana Carvalho Fonseca
Imagem capa: Marta Baião

CIP-BRASIL. CATALOGAÇÃO NA PUBLICAÇÃO
SINDICATO NACIONAL DOS EDITORES DE LIVROS, RJ

T272F

Teles, Maria Amélia de Almeida
Feminismos, ações e histórias de mulheres / Maria Amélia de Almeida Teles. - 1. ed. - São Paulo : Alameda, 2022.
264 p. ; 21 cm.

Inclui bibliografia
ISBN 978-65-5966-130-5

1. Feminismo. 2. Mulheres- Atividades políticas. 3. Movimentos sociais. I. Título

CDD: 305.42
22-79953 CDU: 141.72

Meri Gleice Rodrigues de Souza - Bibliotecária - CRB-7/6439

ALAMEDA CASA EDITORIAL
Rua Treze de Maio, 353 – Bela Vista
CEP: 01327-000 – São Paulo – SP
Tel.: (11) 3012-2403
www.alamedaeditorial.com.br

Dedico este livro à querida Aurora Miranda Teles

Sumário

Lista de infogramas

Capítulo 1

Capítulo 2

Capítulo 3

Capítulo 4

Capítulo 5

Apresentação

Este livro é o resultado do convite que me fez o amigo Fábio Weintraub para que eu escrevesse um livro para adolescentes. Aceitei o desafio. O convite foi feito em março ou abril de 2020.

Passaram meses e meses, eu fiquei escrevendo o livro enquanto aumentava o número de pessoas infectadas e mortas pela pandemia da covid-19. No Brasil, sem uma orientação política unificada de medidas sanitárias ou mesmo com a ausência de ações concretas para o enfrentamento do vírus, com um grande atraso para comprar as vacinas, tivemos e ainda temos que conviver com um número muito alto de mortes, muitas delas evitáveis e adoecimentos que sobrecarregaram o sistema de saúde. Eu, assim como milhares de pessoas, perdi amigas e amigos. Cumpri as diretrizes de isolamento e distanciamento social da Organização Mundial da Saúde (OMS) por mais de um ano e quatro meses.

Neste livro, eu me inspirei na minha própria condição de feminista. Minha geração retomou os feminismos no final dos anos de 1960. O percurso pelo qual passei e as necessidades básicas que me eram apresentadas na minha trajetória feminista de mais de meio século me deram o conteúdo para organizar e escrever o livro. Eu demorei décadas para compreender muitas questões dos feminismos. Hoje, tudo corre muito rápido. Adolescentes têm muita informação acerca dos feminismos nas redes sociais, na mídia, nas atividades culturais, no cinema, nos esportes, na escola, entre tantos outros lugares. Eu tenho tido contato constante com jovens devido ao meu trabalho de escritora, palestrante e educadora em direitos. Considerei as experiências atuais da juventude e de suas necessidades a partir da diversidade e de sua curiosidade e vontade de conhecer mais sobre tudo aquilo que está a sua volta.

Organizei o livro em cinco capítulos. Comecei, no primeiro, conceituando os feminismos e trazendo questões que identificam cada um deles e suas manifestações. No segundo capítulo, trouxe a luta pela igualdade de direitos que teve seu momento maior na Constituinte no período de 1986 a 1988, quando foi, então, promulgada a Constituição Federal. O terceiro capítulo é sobre a violência contra mulheres e meninas, um assunto que temos que tratar em todas as oportunidades para que possamos ter uma vida digna. O quarto capítulo apresenta algumas das práticas feministas de maior destaque no Brasil e, por último, no quinto capítulo, trago a história de quinze mulheres brasileiras que tiveram seus grandes feitos nos séculos XIX, XX e XXI. Claro que foi difícil escolher somente quinze mulheres.

Espero que vocês gostem e tragam novas histórias de mulheres e novos livros.

Meus agradecimentos vão para minha irmã, Crimeia Alice Schmidt de Almeida e minha amiga Aline Yamamoto que tiveram muito carinho e paciência para ler meus primeiros escritos. Agradeço de coração o trabalho de Luciana Carvalho Fonseca que dedicou boa parte de seu tempo à co-edição e à revisão de todo o livro, o que deu a ele mais leveza. Agradeço ao amigo Pádua Fernandes que me incentivou a escrever o livro e também fez a leitura final com correções importantes.

E mais uma vez agradeço ao Fábio Weintraub que acreditou neste livro mesmo antes que eu o escrevesse.

No final, eu gostei de fazer este trabalho e espero que vocês gostem de ler essas páginas cheias de movimentos, ações e histórias.

Maria Amélia de Almeida Teles

Capítulo 1

FEMINISMOS E HISTÓRIAS

Eu, como tantas outras mulheres feministas de minha geração, envolvida nos movimentos sociais, desde as décadas de 1960 e 1970, resolvi escrever este capítulo voltado para as novas gerações, para que possam conhecer a trajetória de construção de feminismos que se fazem presentes nos dias de hoje e que têm sido muito ativos nas duas décadas iniciais deste século.

Tenho percebido o interesse de adolescentes e jovens pelos feminismos. Interesse em entender sua dinâmica, suas vertentes e suas origens. Passei a ser muito procurada por escolas de ensino fundamental e médio para fazer palestras sobre feminismos e histórias das mulheres. Jovens também me procuraram para entrevistas a serem usadas em trabalhos escolares.

Daí aceitei o desafio de escrever este livro.

Trouxe para este capítulo inicial uma apresentação dos significados dos feminismos considerando acontecimentos e mudanças ocorridas na minha trajetória de mais de 50 anos de militância feminista.

Procurei falar de algumas referências teóricas mais utilizadas nos feminismos contemporâneos como patriarcado, gênero, bem como divisão sexual e racial do trabalho.

Trouxe também algumas ações históricas das mulheres pelo direito de voto nas lutas sufragistas feministas, no mundo ocidental. São movimentos que se iniciaram há mais de dois séculos e que são reatualizados e reinventados pelos feminismos atuais, como as medidas para garantir aumento da participação das mulheres na política por meio de mais candidaturas femininas.

Relacionei nomes de mulheres que, no decorrer da história, trouxeram contribuições fundamentais mesmo que ainda não houvesse movimentos feministas propriamente ditos. Mas suas lutas animaram outras tantas mulheres a lutarem também.

É preciso lembrar que são muitos os movimentos e ações das mulheres no mundo e no Brasil. Não tenho fôlego para abordar tantos movimentos neste trabalho. Mas tratarei de apresentar alguns deles.

Procurei reunir as informações que julguei mais significativas para que se tenha uma breve ideia do quanto temos caminhado ao longo da história. Mas, com certeza, há ainda muito a caminhar.

Espero que se interessem e que possamos continuar nossa conversa nos próximos capítulos.

1. *Feminismo ou feminismos*

Feminismo significa as ações de mulheres contra o fato de serem proibidas de ter e exercer direitos em igualdade de condições e de oportunidades com os homens. Ter direitos, como o de escolha em relação ao seu próprio corpo, o de ter a profissão que quiserem, o de ser ou não ser mãe, de agir, opinar e ter opinião própria, ter vontade própria, de decidir sobre o que fazer, o que usar, de expressar seus sentimentos e suas descobertas, sua afetividade, sua sexualidade, de amarem e serem amadas, de serem criativas, de saírem às ruas sem serem assediadas sexual ou moralmente. Ter o direito de ficar ou andar só e não ser estuprada, importunada ou ameaçada. Ter acesso à cidadania plena.

Feministas são as mulheres, praticantes e estudiosas do feminismo que lutam no cotidiano pela liberdade de expressão, de organização e de manifestação. São mulheres que se propõem a conhecer o mundo que as rodeia sob a perspectiva crítica relativa às opressões, dominações e explorações. São mulheres que almejam autonomia em suas vidas e nas vidas de todas as pessoas.

Não aceitam proibições nem silenciamentos pelo simples fato de serem mulheres. Têm plena consciência de que devem ter direitos e o direito de usufruí-los.

Não querem tirar direitos dos homens, mas não aceitam ter menos direitos que eles. Por que deveriam aceitar?

São seres humanos, e a igualdade de direitos deve ser para todas as pessoas: mulheres de diversas etnias, indígenas, negras, brancas, amarelas, seja qual for sua orientação sexual, identidade sexual e de gênero, origem ou religião.

São iguais em direitos as pessoas com sexos biológicos diferentes. São iguais em direitos as pessoas, consideradas masculinas, femininas ou diversas, cujos desejos, sentimentos e vontade não correspondem, na sociedade patriarcal, àquilo que se espera delas. Ou seja, a identidade feminina ou masculina pode se manifestar em desacordo com o sexo biológico. São as transexuais ou travestis. Estou me referindo à identidade de gênero, uma interpretação social e cultural do corpo e do sexo. E quero que fique bem explícito que mulheres, homens transexuais e travestis têm direito a ter direitos iguais às demais pessoas.

O feminismo nasce da capacidade das mulheres de se rebelarem, de se indignarem e resistirem de diversas formas contra a dominação, a exploração, a opressão. O feminismo ou os feminismos defendem que nossas diferenças sejam motivo de reconhecimento, respeito e empoderamento.

Nos dias atuais, é melhor usar a expressão feminismo no plural, pois são diversas as propostas e as vertentes feministas.

Por que não reconhecemos e lidamos, muitas vezes, de forma insegura, com as diferenças e a diversidade étnica e sexual? Por que as diferenças sexuais se fazem tão presentes na nossa sociedade? Para começar a entender precisamos utilizar algumas ferramentas para olhar e analisar essa realidade complexa, humana, criativa e diversa.

2. Patriarcado

O feminismo se opõe ao patriarcado, aqui entendido como o domínio e a exploração masculinos sobre as mulheres e as crianças, em todos os espaços: econômico, social, político, cultural, religioso, recreativo, familiar, comunitário, relacional, afetivo e profissional.

O patriarcado é historicamente variável e se transforma conforme as mudanças que se processam na sociedade. O patriarcado tem sido construído com fatos, invenções e descobertas aparentemente desvinculados das relações entre homens e mulheres, embora o patriarcado diga respeito à ordem das relações sociais e sexuais entre pessoas de diferentes sexos/gêneros. O patriarcado se expande por toda a sociedade. Cria, então, a cultura central, gerada pela dominação-exploração patriarcal.

É preciso lembrar que o termo patriarcado tem hoje significado distinto daquele original. Na antiguidade, o patriarcado trazia a ideia central e determinante de que o homem era o chefe da família e tinha plenos poderes, legal e econômico, sobre as mulheres, as crianças e demais pessoas agregadas, animais, objetos e a propriedade. Exemplo patético é a lei brasileira (Código Civil) que esteve em vigor até 2002. Determinava que o chefe da sociedade conjugal era o homem e que o pai poderia deserdar a filha que não fosse "honesta". Nesse caso, honesta significava "virgem". Essas previsões não estavam mais de acordo com a ordem constitucional, pois a Constituição de 1988 determinou a igualdade entre os gêneros. A honestidade das mulheres estava vinculada à sexualidade. Os sentidos da linguagem valorizavam e ainda valorizam condições, situações e aspectos masculinos e patriarcais. O apelo ao moralismo autorizava, até recentemente, o uso de uma linguagem distorcida, desfigurada e patriarcal sobretudo na área jurídica.

Infograma nº. 1: Pátrio poder

A expressão "pátrio poder" foi introduzida pelo direito romano, criado com a fundação da cidade de Roma (Itália) em 753 a.C. O termo vem do *pater potestas*. Significa o direito soberano do pai – chefe da organização familiar – sobre a pessoa dos filhos e filhas. A construção machista do termo "pátrio poder" ou *pater potestas* é flagrante, pois só menciona o poder do pai em relação a filhos e filhas. A expressão vem, portanto, da sociedade patriarcal romana.

Hoje, com a reação dos movimentos feministas, em pleno século XXI, no Brasil, foi introduzida na lei a expressão "poder familiar", incluindo todas as pessoas que integram a família, a mãe, irmãs, irmãos e o pai. (Dias, 2007, p. 366).

Infograma nº. 2: Mulher honesta

O Código Penal Brasileiro de 1940 consiste de normas que tratam de crimes e de suas penalidades. De acordo com o Código, a proteção jurídica em certos crimes era garantida apenas à "mulher honesta", ou seja, àquelas mulheres que correspondiam aos padrões morais de recato, pudor e submissão. A expressão "mulher honesta" só foi retirada do Código no ano de 2005, com a aprovação da Lei nº 11.106. É importante notar que a lei de 1940 só se referia à "mulher honesta", mas não ao "homem honesto" considerando que o homem poderia ter qualquer relacionamento sexual, sem nenhum prejuízo para o seu prestígio. (Chakian, 2019, p. 233).

Hoje, o patriarcado está de tal forma arraigado que permeia as instituições públicas do estado e da sociedade, os espaços privados e domésticos, tanto no campo da cultura como no da estrutura social e econômica. Está tão introjetado que algumas pessoas consideram natural a supremacia do poder masculino e as desigualdades entre homens e mulheres. As instituições seguem sendo patriarcais sem precisarem fazer uso do discurso patriarcal tradicional. Discriminam mulheres por sexismo, por racismo e reiteram as desigualdades sociais entre os sexos ao mesmo tempo em que adotam a narrativa e o apelo da igualdade entre os sexos. Um exemplo: as mulheres continuam nos dias de hoje com salários mais baixos do que os dos homens quando realizam as mesmas atividades profissionais (cerca de 20 a 30% a menos), mesmo com a inscrição do princípio da igualdade de direitos e deveres entre homens e mulheres na legislação nacional (art.5o, inciso I, da Constituição Federal de 1988). Apesar de os dados afirmarem o contrário, o discurso recorrente é que há igualdade de direitos entre homens e mulheres em todos os campos da vida, inclusive no campo profissional.

A socióloga e professora, Heleieth Saffioti (1934-2010), nos ensinou que

> O patriarcado está em permanente transformação. Na Roma antiga, o patriarca detinha poder de vida e morte sobre sua esposa e filhos, hoje tal poder não existe, no plano *de jure* (de direito). Entretanto, homens continuam matando suas parceiras, às vezes com requintes de crueldade. (Saffiotti, 2004, p. 45-46)

Há alguns milênios, a partir do momento histórico em que os homens se deram conta de sua participação efetiva na reprodução de seres humanos, foram criando sistemas simbólicos para imporem seu poder exclusivo sobre as mulheres retirando-lhes sua importância social, cultural e econômica. Isto teria ocorrido no ano de 3.600 a.C e se estabeleceria, de fato, em 600 a.C. (Lerner, 2019). Claro que a longa duração para sua consolidação se deveu à forte resistência e oposição das mulheres à dominação e exploração masculina.

Infograma nº. 3: A construção histórica da inferioridade das mulheres

Vivemos num sistema social e político que nos classifica e impõe atributos masculinos ou femininos e espera que atuemos como mulheres ou homens.

Ocorre que não somos fenômenos naturais, somos fatos históricos. Vejamos o que nos ensina sobre o assunto a antropóloga mexicana da Universidade Nacional Autônoma do México (UNAM), Marcela Lagarde (1948 -).

> A maior parte dos sistemas de classificação existentes no mundo ainda se organiza a partir de características corporais. É uma classificação muito óbvia, de um lado homens e de outro, mulheres. O gênero é construído a partir do sexo, do que cada cultura reconhece como sexual. Isto é, das características que em cada cultura são reconhecidas como sexuais e às quais atribui um valor.

> Algumas culturas só vislumbram a diferença e a semelhança genital pautando os gêneros sob esse aspecto. Em outras sociedades, são incluídas como características sexuais a estatura, a pilosidade (pelos finos) do corpo, o peso, o tom de voz, a altura, etc. Em outras sociedades, são incluídas as atividades de varrer, limpar, lavar, cuidar das crianças, entre outras. Assim, consideram como atributos biológicos ou naturais uma enorme gama de qualidades que são culturais. (Lagarde, 2004, pp. 45-46)

Passaram, então, a ser naturalizadas muitas das características culturalmente denominadas femininas, como cozinhar, costurar, docilidade, paciência entre outras.

Lagarde, mais uma vez, nos ensina que:

> Tudo o que nos agrupa ou separa é elemento de identidade. Mas no mundo patriarcal, as mulheres têm os elementos comuns de identidade apagados. Tornam-se invisíveis porque são considerados naturais, isto é, remetem-se aos instintos, aos hormônios, à biologia. Procuram justificar pelo fato de que as mulheres têm útero, alegam que o tamanho do cérebro e tudo mais que consideram como determinação biológica. Querem dizer que a mulher é um fato da natureza e não um fato histórico. (Lagarde, 2004, pp. 45-46)

Infograma nº. 4: O estabelecimento do patriarcado

Patriarcado é uma criação histórica de homens e mulheres num processo que levou 2.500 anos (dois milênios e meio) ou mais para ser estabelecido.

Antes da civilização ocidental (séculos IV ou V), a sexualidade das mulheres sofreu modificações tanto nas atividades sexuais como reprodutivas. Passaram a ser tratadas como objeto de troca, em diversos grupos, porque elas poderiam ter filhos. As crianças seriam exploradas como mão de obra escrava na agricultura. Assim, aumentava-se a produção agrícola, o que possibilitava o acúmulo do excedente e o enriquecimento de alguns.

As mulheres de outros grupos, considerados inimigos, eram escravizadas enquanto os homens eram mortos. Os homens aprenderam a escravizar primeiro as mulheres e, em seguida escravizaram homens de grupos subordinados. Dessa forma, a escravidão de mulheres, combinando tanto o racismo quanto o machismo, precedeu a formação e a opressão de classes sociais.

A escravidão foi distinta para homens e mulheres. Os homens eram explorados como trabalhadores. As mulheres eram exploradas como trabalhadoras e também como fornecedoras de serviços sexuais e reprodutoras.

Outra característica do patriarcado é o controle da narrativa histórica. O ato de registrar, definir e interpretar o passado marca a história de homens e mulheres. Para os homens isso ocorreu em cerca de 3000 a.C. Para as mulheres (e ainda assim apenas para algumas), com notáveis exceções, ocorreu no século XIX. (Lerner, 2019, p.261 e ss).

O patriarcado existe, se contarmos sua idade a partir do processo de sua instauração, há cerca de cinco milênios. Segundo a professora Heleieth Saffioti, se compararmos sua existência com a existência da humanidade entre 250 mil a 300 mil anos, o patriarcado é ainda muito jovem (Saffioti, 2005, p.63), o que nos indica que ele pode ser desconstruído e destruído, não sendo de nenhuma maneira determinante para a existência humana.

3. *Gênero*

De acordo com algumas correntes, o separatismo entre homens e mulheres seria natural e justificado pelas diferenças biológicas, as quais, por sua vez, deveriam determinar características distintas entre os sexos. As diferenças biológicas e as diferenças de gênero repercutem na nossa construção social como mulheres, homens ou em tantas outras possíveis identidades e expressões de gênero, como mulheres trans, homens trans ou travestis. Podemos ser pessoas intersexo. Podemos ser cisgênera ou cisgênero. Mas o que isso quer dizer?

Pessoas cisgêneras são pessoas que foram designadas como mulher ou homem ao nascer e se identificam, no decorrer da vida, com o ser mulher ou homem. Enquanto as pessoas cisgêneras fazem essa identificação e se sentem contempladas por ela, as pessoas transgêneras são aquelas que foram designadas com um gênero que não as contempla. Isso não significa que haja qualquer relação "natural" de superioridade entre os gêneros. As pessoas são simplesmente diferentes no que tange o gênero com o qual se identificam.

Ou seja, podemos nos tornar "mulheres", "homens", pessoas cisgêneras, pessoas transgêneras ou transexuais. Mulheres e homens, independentemente de serem *cis* ou *trans*, são pessoas humanas, possuem sentimentos e emoções, inteligência e racionalidade, ternura e agressividade, força e fragilidade, afeto e desafeto; portanto, devem ter garantido seu direito à vida, à dignidade humana e à igualdade.

O processo de socialização pelo qual todos passamos, ao longo da história, tem levado a distorções do desenvolvimento humano. Por muito tempo, as pessoas têm sofrido com o processo de socialização por lhes terem sido impostas determinadas características conforme a designação de seu sexo biológico – e também de sua raça/etnia.

Um bom exemplo é a curiosidade "incontrolável", por parte dos genitores e familiares, de saber o sexo antes de o bebê nascer. A partir da "revelação", na maioria das vezes, cria-se a expectativa em relação às roupas a serem usadas pelo novo ser que ainda nem nasceu (rosa ou azul), à decoração do quarto e, principalmente, em relação à escolha do nome e dos desejos e atividades, inclusive profissionais, que a criança deverá realizar e exercer em futuro próximo. Ou seja, antes mesmo de nascer até os brinquedos são selecionados de acordo com o sexo. As expectativas são criadas a partir dos sexos e formam e influenciam não só a futura criança, mas toda a família e pessoas próximas. São gerações e gerações que reproduzem tais comportamentos e expectativas.

Gênero é uma ferramenta que nos indica que as desigualdades fundadas no suposto sexo biológico não são naturais, mas construções sociais e históricas que promovem qualidades e atributos conforme a interpretação das diferenças sexuais pela sociedade em que se vive.

Os meninos podem gostar de brincar com bonecas e não apenas as meninas. As meninas podem brincar com carros, motos e aviões. No entanto, a maioria das pessoas, ao presentearem uma criança com um brinquedo, procuram antes saber seu sexo e, então, escolher a boneca ou o carrinho. Dessa forma, são criados os hábitos e se naturalizam e perpetuam as desigualdades.

No feminismo, ou nos feminismos, é preciso entender que aquelas que pertencem ao grupo de mulheres também não são iguais entre si. São desiguais de acordo com o gênero (por exemplo: mulheres *cis*, mulheres *trans*, mulheres lésbicas), classe social, raça/etnia, sexualidade, orientação sexual, aspectos geracionais, entre outros.

Por isso, a **ferramenta gênero** precisa ser articulada com outras categorias como raça/etnia, classe social, sexualidade, aspectos geracionais e regionais. Só assim, gênero pode dar visibilidade às diversas mulheres. O **feminismo interseccional** busca enfrentar e tornar visíveis, simultaneamente, todas essas desigualdades.

Infograma nº. 5: Gênero no pensamento das feministas

Heleieth Saffioti (1934 - 2010), socióloga feminista, fazia questão de usar a expressão **gênero sob a ordem patriarcal**. Gênero descreve o que é o feminino e o masculino e recusa o argumento do determinismo biológico como explicação das desigualdades entre os sexos. Mas essa realidade se dá sob o sistema patriarcal. O patriarcado impõe dois vetores: dominação e exploração masculinas. Daí Saffioti usar a expressão "gênero sob a ordem patriarcal". Significa que a construção do feminino e do masculino se dá num sistema patriarcal, de dominação e exploração. (Saffioti, 2004)

Patricia Hill Collins (1948 -), feminista negra acadêmica, estadunidense, nos ensina que gênero, raça/etnia, classe social, orientação sexual atuam conforme as condições em que as mulheres vivem a cada momento. Ela adota a expressão **feminismo interseccional** cuja abordagem afirma que os sistemas de raça, classe social, gênero, sexualidade, etnia, nação e idade são características que atuam simultaneamente na construção da organização social, moldam as experiências das mulheres negras.

Podem ser mais enfáticas as questões de gênero, quando a mulher se torna mãe. A raça (cor da pele, textura do cabelo) influencia quando ela procura moradia e emprego. A origem étnica se sobressai também na hora de procurar um emprego ou um espaço de lazer. Já a classe social atua de maneira plena quando se vai em busca de empréstimos financeiros. A orientação sexual, quando ela sai na rua de mãos dadas com sua companheira.

Atenção, uma observação minha. Eu acrescentaria que as interseccionalidades moldam também as experiências das mulheres não negras, brancas e com outras cores de pele. (Hill Collins, 2019, p. 435 e 460)

4. Diferenças e desigualdades

Vale a pena destacar o que são desigualdades e o que são diferenças. As diferenças são trazidas pelas características biológicas e culturais (regionais, étnicas). Não significam a superioridade de algumas pessoas em relação a outras. Já as desigualdades sociais, econômicas, raciais e sexuais são estabelecidas a partir do momento em que às diferenças são atribuídas valorações. Assim, no patriarcado em que vivemos, que é também capitalista e racista, ser homem é mais valorizado do que ser mulher, ser rico, mais do que ser trabalhador; ser branco, mais do que ser negro. As desigualdades são resultado das opressões, das injustiças sociais, do processo de colonização e das arbitrariedades, o que faz com que grupos humanos sejam explorados, escravizados, oprimidos, sem condições e oportunidades de uma vida digna.

Devemos respeitar e proteger as diferenças que nos fazem pessoas criativas e inovadoras, enquanto que as desigualdades que nos deprimem, nos desumanizam, merecem ser combatidas e eliminadas. Todas as pessoas são diferentes entre si. Cada pessoa é única.

Reafirmo que as mulheres são diferentes e desiguais. Deve-se respeitar e enaltecer as diferenças que trazem a diversidade e a pluralidade de ações e de ideias. Para dar conta de tantas diferenças e desigualdades, são diversos os feminismos. Temos o feminismo popular, feminismo sindical, feminismo lésbico, feminismo negro, feminismo interseccional, feminismo marxista, feminismo emancipacionista, feminismo jovem, feminismo indígena, transfeminismo, feminismo materialista, anarcofeminismo,

feminismo da periferia, feminismo decolonial, feminismo campesino e eco-feminismo, entre outros.

5. *A divisão sexual e racial do trabalho: a base material do sistema patriarcal!*

As atividades domésticas cotidianas, consideradas de menor valor econômico e social, atendem às necessidades básicas das famílias e de toda a sociedade, bem como garantem sua existência e sobrevivência.

O trabalho doméstico, que é um trabalho muitas vezes não remunerado ou mal remunerado, é necessário para que o grupo de trabalhadores e trabalhadoras possam se vincular de forma integral ao mercado de trabalho. Ou seja, sem o trabalho doméstico de criação e reprodução da vida (por ex.: cuidado com a casa, alimentação, reprodução da força de trabalho por meio da criação de filhos e filhas – futuros e futuras trabalhadores e trabalhadoras), nem a economia, nem as pessoas sobrevivem. É por isso que capitalismo (sistema que tem como principal objetivo acumular capital e produzir lucro) e patriarcado fazem de tudo para invisibilizar o trabalho doméstico ao chamá-lo de "um trabalho de amor" (Federici, 2019, p.42). Por meio do discurso do "amor" o patriarcado capitalista explora as mulheres, enganando-as de que se trata de um trabalho afetivo e "naturalmente" feminino. Muitas mulheres fazem esse trabalho sem que recebam salários por suas atividades domésticas e quando os recebem, são salários de baixíssimo valor econômico.

As atividades de cuidado são exercidas pelas mulheres, mães, companheiras, irmãs e, quando esses serviços são realizados por outra pessoa, contrata-se uma empregada doméstica, que é geralmente uma mulher, negra ou não branca, pobre e com pouca escolaridade.

O trabalho doméstico integra uma questão social mais abrangente que é a divisão sexual e racial do trabalho. Mulheres, pessoas não brancas e negras estão colocadas em lugares onde há maior subordinação e exploração e menores salários.

Ao longo da vida, as mulheres são socializadas para realizarem as atividades domésticas, o que serve de base para manter as desigualdades de condições e de oportunidades, em todos campos da vida, em relação aos estudos, à profissão, à maternidade e ao lazer. Essa é a base material para manter a divisão sexual e racial do trabalho na sociedade.

A divisão sexual e racial do trabalho – questão fundamental para entender o lugar de subordinação ocupado pelas mulheres – é uma construção histórica que se adapta às imposições do poder econômico dominante e, por isso, atende satisfatoriamente aos interesses do sistema capitalista, racista e patriarcal.

A divisão sexual e **racial** exerce impactos negativos na vida de todas as mulheres. A divisão racial do trabalho impede, de forma indigna, o acesso à cidadania e à inclusão das mulheres negras, indígenas e não brancas na vida social, política e econômica do país.

Apesar de consistir de atividades fundamentais, o trabalho de cuidado e de reprodução da vida, por ser realizado, na grande maioria das vezes, por mulheres, é visto como se fizesse parte do destino delas, é naturalizado e, por isso, quase não tem valor econômico. O feminismo tem trazido esta realidade para o cenário público, para que não sejam banalizados, desvalorizados e mantidos invisíveis tanto o trabalho doméstico como as atividades do mercado de trabalho ditas como femininas (também relacionadas ao cuidado como, enfermagem, pedagogia, serviço social etc.). São atividades fundamentais que atendem as necessidades básicas de toda a humanidade. Fazem parte de um trabalho árduo, incontornável, inescapável e imprescindível para a sobrevivência da humanidade.

O trabalho doméstico é considerado – tal como está organizado hoje – um trabalho repetitivo, monótono, enfadonho e solitário. Alimenta e realimenta acentuadamente a divisão sexual e racial do trabalho entre mulheres e homens, repercutindo na vida social e profissional. As mulheres hoje têm ocupações profissionais diversas fora de casa. Mas continuam sobrecarregadas por acumularem o trabalho exercido fora de casa com as responsabilidades dos cuidados, da assistência às pessoas que integram sua família. A situação é agravada sobretudo quando têm crianças pequenas, pessoas idosas ou doentes, em casa. Este trabalho não tem remuneração quando é exercido pelas mulheres da casa e quando contratam uma empregada doméstica, paga-se sempre um salário aquém do valor do trabalho realizado.

As pesquisas apontam que de cada 100 mulheres, 70 ou mais delas realizam as tarefas em casa, sem contar com nenhuma ajuda masculina. E o que é mais grave, 60 mulheres de cada 100 acreditam que os seus maridos dão mais trabalho do que ajudam.

As feministas mostram que os homens podem fazer todas as atividades domésticas, sem prejuízo de se ter uma masculinidade saudável. Podem lavar, passar as roupas, arrumar as camas, varrer e encerar o assoalho, lavar a cozinha, higienizar os sanitários e banheiros, cozinhar, fazer sobremesa, sucos de frutas, saladas, entre tantas outras coisas. Podem trocar fraldas, dar banho nos bebês, crianças e outras pessoas sem nenhum prejuízo moral ou sexual.

Enquanto uma divisão equitativa do trabalho não ocorrer, a divisão sexual e racial do trabalho continuará a interferir de maneira extremamente negativa para as mulheres nas questões relativas à divisão do poder e da sua inserção no mercado de trabalho.

Infograma nº. 6: Divisão desigual do trabalho

As mulheres recebem salários menores do que os dos homens. Elas ganham 77,7% do que ganham os homens. Quando se trata de cargos como gerentes, a desigualdade salarial é ainda maior: as mulheres ganham 61,9% dos salários dos homens.

As maiores desigualdades salariais se encontram na região Sudeste e apenas 34,7% das mulheres ocupam cargos de gerentes. As mulheres têm mais estudo do que os homens. Na faixa etária de 25 a 34 anos, 25,1% das mulheres concluíram o ensino universitário enquanto apenas 18,3% dos homens se encontram na mesma situação.

Mas as mulheres são minoria nos cursos de ciências exatas. Por exemplo, no curso de engenharia, são menos do que um quarto (21,6%) dos estudantes. Enquanto que na área de cuidados e bem-estar as mulheres são maioria. Por exemplo, são 90% no serviço social.

Mulheres entre 25 a 49 anos, com crianças pequenas de até 3 anos de idade, empregadas, representavam 54,6%. Os homens nessas mesmas condições eram 89,2%.

Se as mulheres forem negras (pretas e pardas) as desigualdades no mercado de trabalho se tornam ainda maiores. A população negra (pretos e pardos), inserida na força de trabalho, representa 54,9% da força de trabalho, num total de 57,7 milhões de pessoas (dados do IBGE, 2019). As mulheres negras são 28%, empregadas ou desempregadas. Em grande parte, as mulheres negras encontram-se no emprego informal, o que as impede de ter benefícios como férias e licença remunerada para tratamento de saúde.

Estes dados devem ter sofrido uma piora, em geral, com a pandemia que dura mais de um ano no Brasil, com forte queda da economia.

(IBGE, dados divulgados em março de 2020 e "Potências (in) visíveis, a realidade da mulher negra no mercado de trabalho", pesquisa do Grupo Indique uma Preta em parceria com a empresa de pesquisa "Box 1824", publicada em 25/11/2020).

6. *Ações e medidas afirmativas*

A educação não sexista poderá orientar meninas e meninos a realizarem atividades domésticas de forma igualitária. Daí a necessidade de se introduzir, discutir e analisar as categorias gênero, diversidade étnico-racial e sexual nos estudos escolares.

Os feminismos atuam no sentido de despatriarcalizar a sociedade, propondo condições e oportunidades iguais entre as pessoas, entre as famílias e instituições. Para tanto, alguns movimentos feministas reivindicam políticas públicas que garantam serviços como creches para crianças pequenas, lavanderias e restaurantes públicos e populares, para reduzir as tarefas domésticas, renda mínima para que as mulheres possam exercer o trabalho de cuidado com alguma dignidade, etc.

Os feminismos procuram mostrar que as mulheres devem ter as mesmas condições, oportunidades, direitos e salários iguais aos dos homens no mercado de trabalho, o que empodera as mulheres e fragiliza o patriarcado, o sexismo e o racismo.

Há uma discriminação histórica contra diversos segmentos da população como mulheres, população indígena, negra, entre outras. Dessa forma, a luta feminista inclui lutar por medidas ou ações afirmativas para combater as desvantagens e prejuízos que afetam esses segmentos.

A ação afirmativa reúne estratégias, iniciativas e políticas de enfrentamento da falta de condições, oportunidades e direitos por parte de segmentos populacionais historicamente discriminados.

A criação de Ministério de Políticas para Mulheres, Ministério de Igualdade Racial, Delegacia de Polícia para Mulheres ou Centros de Atendimento às Mulheres em Situação de Violência, Coordenação de Políticas para LGBTQIA+, definição de cotas sociais ou raciais para ingresso nas Universidades são formas de aplicar ações afirmativas.

Infograma nº. 7: Ações afirmativas

Ações afirmativas são mecanismos ou medidas para superar ou corrigir as desigualdades entre os diversos segmentos sociais (homens e mulheres, brancos e negros, indígenas, entre outros) e para prevenir futuras discriminações e desigualdades.

São políticas que implicam esforços em muitos níveis e campos (econômico, político, saúde, educação e escolar, profissional, social, cultural, jurídico, entre outros) para vencer barreiras estruturais e ideológicas. E, assim, eliminar a situação de desvantagem para as mulheres, a população negra, indígena, entre outras, com o propósito de que possam alcançar uma condição em que haja igualdade de condições e oportunidades para todas as pessoas.

São medidas que pretendem acelerar a igualdade de fato e não só a de direito (lei) e reparar os danos da discriminação histórica. As ações afirmativas têm um caráter temporal, pois, quando se alcança a igualdade de oportunidades, deixarão de ser necessárias.

("Manual de Capacitação em Direitos Humanos das Mulheres Jovens e a aplicação da CEDAW", ILANUD/REDLAC, 2004.)

7. *O uso do termo feminismo começa com a luta das mulheres pelo direito de voto!*

As mulheres, ao longo da história, estiveram e continuam envolvidas em lutas por sua autonomia, por direitos, por cidadania. Abriram e abrem espaços, caminhos e atalhos para outros setores oprimidos da população.

A Revolução Francesa de 1789 a 1792 - marco histórico da humanidade - trouxe mudanças significativas na sociedade. O estado deixou de ser absolutista. Até então, o rei se confundia com o estado, tendo ele sozinho o poder de decisão sobre a vida e a morte das pessoas. O rei Luís XIV definiu com uma frase o estado absolutista: "*L'État c'est moi.*" (O estado sou eu).

A vitória revolucionária se deveu à ampla participação da população: mulheres e homens do campo e da cidade, burgueses, comerciantes e artesãos estiveram envolvidos com o movimento. Na ocasião, foi redigido um dos primeiros documentos escritos em defesa de direitos: a "Declaração dos Direitos do Homem e do Cidadão", em 1789. Fortaleceu-se o poder do estado, que deveria reunir as três funções: administrar, legislar e julgar. O novo contrato social deveria se pautar pelos ideais de igualdade, liberdade e fraternidade e serviu de inspiração a muitos movimentos no mundo ocidental. Nos dias de hoje, as feministas já fariam uma crítica, antes de se realizar a revolução, quanto ao seu lema, por não ter a palavra *sororidade* junto à fraternidade. Enquanto *fraternidade* se refere apenas à amizade entre irmãos ou entre homens, *sororidade* significa amizade entre mulheres.

Infelizmente, essa revolução não atendeu às demandas dos segmentos oprimidos. A começar pelo seu título: "Declaração dos Direitos do Homem". Negou, de pronto, os direitos das mulheres. Excluiu os direitos da população negra (mulheres e homens), sendo que a escravização negra era uma realidade aviltante da época. Indígenas sequer foram cogitados. Eram tidos como "selvagens". Somente os homens brancos, proprietários e maiores de 21 anos foram considerados cidadãos. A democracia da revolução nascia de forma desigual e injusta: não incluía mulheres, população negra nem crianças. O documento que serviu de pedra fundamental na construção do estado de direito se estruturou no sexismo, racismo, adultocentrismo e androcentrismo.

As mulheres reagiram. Não aceitaram a negação de direitos inclusive a proibição do voto feminino. Elas queriam votar e ser votadas. Foi o primeiro movimento de caráter feminista, a luta pelo direito de voto, porque as mulheres foram proibidas de acessar a cidadania, simplesmente porque eram mulheres. Fizeram críticas contundentes aos revolucionários que pregavam igualdade, liberdade e fraternidade e que, de pronto, excluíram mais da metade da humanidade: as mulheres.

Uma das revolucionárias, Olympe de Gouges (1748 - 1793), conclamou outras mulheres a fazerem um novo documento: a "Declaração dos Direitos da Mulher e da Cidadã", que incluía uma série de direitos e permitia que as mulheres votassem e fossem votadas. Os poderosos reagiram de forma violenta e, dois anos depois, Gouges foi condenada à morte na guilhotina. A sentença que a condenou dizia que ela "se imiscuiu nos assuntos da República, esquecendo-se das virtudes de seu sexo". Foi executada em 7 de novembro de 1793.

8. O movimento sufragista feminista se espalhou por diversos países do ocidente!

Nos **Estados Unidos**, o movimento sufragista norte-americano de mulheres aproximou-se da luta contra a escravização negra. Enquanto os escravizados negros estavam sendo subjugados, houve algumas feministas que se deram conta de sua própria situação de opressão, pois se encontravam confinadas na esfera doméstica. Começaram o movimento justamente em 1840, no Congresso Antiescravista Mundial, realizado em Londres. Ao chegarem ao evento, foi proibida sua entrada.

Injustiçadas, elas decidiram deflagrar o movimento pelos seus direitos e lançaram anos depois, em **1848**, o documento: "Declaração de Seneca Falls", com a exigência de direitos, inclusive o de votar e ser votada. Seneca Falls é uma pequena cidade no estado de Nova York.

Em 1851, Sojourner Truth (1797 - 1883), cujo nome de nascimento era Isabella Baumfree, fez um discurso histórico. Ela era uma mulher negra, escravizada, abolicionista e feminista. Ela proferiu o famoso discurso "E eu não sou uma mulher?" na Convenção dos Direitos das Mulheres de Ohio, que aqui incluo na versão de 1851 publicada com aprovação de Sojourner Truth. Esta versão é menos conhecida, mas historicamente mais precisa, que a de 1863.

> Posso falar algumas poucas palavras? Quero dizer umas poucas palavras sobre a questão. Sou [a encarnação] do direito da mulher. Tenho músculos como qualquer homem, e realizo tanto trabalho quanto.
>
> Arei e colhi e ceifei e debulhei, algum homem consegue fazer mais que isso? Tenho ouvido muito sobre a igualdade dos sexos; sou capaz de carregar tanto quanto qualquer homem, e de comer também, quando consigo comida. Sou tão forte quanto qualquer homem que vive. Quanto ao intelecto, tudo que posso dizer é, se uma mulher tem uma caneca e o homem um barril - por que a caneca não pode estar cheia? Os senhores não precisam recear em nos dar nossos direitos por medo de que tomemos mais, - porque não vamos conseguir tomar mais do que cabe em nossa caneca. Os pobres homens estão todos confusos, sem saber o que fazer. Meus filhos, se os senhores detêm os direitos das mulheres, deem a elas e irão se sentir melhor. Os senhores terão seus próprios direitos, e eles não serão tanto problema. Não sei ler, mas sei ouvir. Ouvi a bíblia e aprendi que Eva levou o homem a pecar. Bem, se a mulher desconcertou o mundo, deem a ela a chance de colocá-lo no lugar. A Senhora falou sobre Jesus, de como ele nunca desprezou as mulheres, e ela estava certa. Quando Lázaro morreu, Maria e Mar-

> ta foram até ele em fé e amor e imploraram que erguesse o irmão. E Jesus chorou e Lázaro saiu com vida. E como Jesus veio ao mundo? Através de Deus que o criou e da mulher que o pariu. Homem, qual foi o seu papel? Mas as mulheres estão se levantando com as bênçãos de Deus e alguns homens se levantam com elas.
>
> Mas o homem está em uma situação difícil, o pobre escravo está próximo, a mulher se aproxima, e ele certamente está entre um falcão e um abutre. (Soujourner Truth, 1851 in Fonseca, 2019)

Em **1870**, o governo estadunidenense concedeu o voto para os homens, mas o negou explicitamente para as mulheres.

Em **1890**, foi criada a Associação Nacional para o Sufrágio da Mulher, cuja sigla em inglês é NAWSA. Teve o papel de articular as mulheres por meio de uma campanha nacional pelo voto feminino. Como resultado da campanha, em alguns estados, as mulheres brancas foram conquistando o direito de voto, mas só puderam votar para a presidente da república, nos Estados Unidos em **1920**. Das 68 mulheres que assinaram a "Declaração de Seneca Falls" havia somente uma sobrevivente, Charlotte Woodward (**1829 - 1921**), que votou nas eleições presidenciais daquele ano.

Na Inglaterra, a luta sufragista das mulheres surgiu no ano de 1851, num ato público no qual elas reivindicavam o direito de voto. Contaram com o apoio de um intelectual famoso: John Stuart Mill, que escreveu, em 1869, um ensaio favorável à luta das mulheres: "A sujeição da mulher".

As sufragistas sofreram violência policial, foram encarceradas e obrigadas a pagar multas por entrarem nas reuniões políticas dos homens. As mulheres deflagraram uma série de manifestações de rua onde foram violentamente reprimidas. As inglesas só conquistaram o direito de voto em 1918. No entanto, a idade mínima para que elas pudessem votar era de 30 anos. Em 1928, as inglesas passaram a ter direito de votar aos 21 anos de idade.

Em 2015, foi lançado o filme de longa-metragem: "As sufragistas" da diretora Sarah Gravon, que conta como se deu a luta das mulheres inglesas pelo direito de voto, nas ruas de Londres. De início, eram manifestações pacíficas que, mais tarde, se tornaram mais violentas com a repressão policial. A protagonista é uma lavadeira que, aos poucos, descobre seus direitos como cidadã.

9. No Brasil: conquista do voto feminino em 24 de fevereiro de 1932!

No Brasil, houve muitas ações de mulheres que se rebelaram contra as injustiças, ações essas bem anteriores às lutas sufragistas. Cito aqui rapidamente alguns exemplos e lembro a todas pessoas que estão lendo este texto que, no último capítulo deste livro, teremos a história de 15 mulheres que trouxeram contribuições pioneiras para a luta feminista no Brasil.

Entre as muitas mulheres que antecederam as lutas sufragistas estava Dandara, que atuou na defesa da liberdade do povo negro (? - 1694). Participou do Quilombo dos Palmares (1597 - 1695), o maior centro de resistência negra contra a escravização, no Brasil. Outra mulher negra, Aqualtune, princesa africana, trazida para o Brasil e escravizada até que fugiu para viver no Quilombo de Palmares. Era avó de Zumbi, o grande líder dos Palmares que foi morto em 20 de novembro de 1695. Muitas outras mulheres palmarinas participaram das lutas em defesa do quilombo e das lutas de seus povos.

Ainda no século XVI, temos Madalena Caramuru, filha de uma indígena tupinambá e um português, que chegou ao Brasil depois de sofrer um naufrágio. Ela escreveu uma carta (talvez a primeira carta escrita por uma indígena) para o chefe dos jesuítas, D. Manoel Nóbrega. Ela teria aprendido a escrever com um outro português com o qual ela se casou. Na carta, escrita em 1561, ela pedia para pôr fim aos maus tratos às crianças escravizadas, "que se veem separadas de seus pais cativos, sem conhecerem Deus, sem falarem a nossa língua e reduzidas a esqueletos". Ela pedia também que as mulheres pudessem aprender a ler e escrever, o que foi negado pela Corte Portuguesa, sob a alegação de que isso seria muito perigoso.

Bárbara de Alencar (1760 - 1832) foi uma das primeiras prisioneiras políticas da história brasileira. Lutou pela independência do Brasil, contra o autoritarismo e a favor das ideias republicanas. Participou juntamente com seus filhos da Revolução Pernambucana em 1817. Sofreu dura repressão e, juntamente com seus filhos, foi presa sob a acusação de traição ao governo. Ela ficou detida por 4 anos. Colocada em liberdade, não abandonou sua luta em defesa dos ideais democráticos e, por isso, continuou sendo perseguida e ameaçada.

O movimento sufragista no Brasil teve seus primeiros registros por meio da imprensa feminista. O mais avançado desses jornais feministas, "O Sexo Feminino", dirigido por Francisca Senhorinha da Motta Diniz (? - 1910), teve seu primeiro número publicado, em 7 de setembro de 1873, em Campanha da Princesa, junto ao município de São João Del Rei, estado de Minas Gerais.

Francisca Diniz dirigia-se por meio de seu jornal diretamente às mulheres, algo pioneiro, pois outras publicações em favor do direito das mulheres comumente dirigiam suas palavras aos homens a fim de os convencerem a deixar suas mulheres exercerem seus direitos.

Francisca trazia sua palavra escrita voltada para as mulheres na defesa de seus direitos. A sua ideia era que as mulheres deveriam ter independência econômica para não se submeterem aos homens. Pregava o direito à educação para as mulheres de maneira que pudessem elevar seu status. Defendia com ardor o direito do voto feminino e abolição da escravatura negra. Mais tarde, transferiu-se para o Rio de Janeiro onde o jornal chegou a vender 4 mil exemplares. Após a proclamação da República, em 1889, seu jornal ganhou um nome novo: "O Quinze de Novembro do Sexo Feminino" e passou a tratar, numa coluna específica, da questão do voto e da participação política das mulheres.

Outra sufragista, Josefina Alvares de Azevedo (1851 -?) dedicou sua capacidade profissional literária à mobilização da opinião pública em torno do direito de voto para as mulheres. Foi responsável pela criação do jornal "A Família" na cidade de São Paulo, em 1888, e posteriormente transferido para o Rio de Janeiro. Em abril de 1890, o Ministro dos Correios, Benjamin Constant proibiu o acesso das mulheres às escolas de nível superior. Josefina protestou contra ele com veemência. Ela defendeu que as mulheres tivessem o direito à educação, ao voto e ao divórcio. Josefina queria que as mulheres pudessem escolher seus maridos e também tivessem "o direito de intervir nas eleições, de eleger e ser eleitas", como os homens, em condições de igualdade. Mas ela não se limitava a travar essa luta apenas pela imprensa. Ela levou para o teatro a campanha pelo voto feminino, o que ampliou o debate. Encenou, pelo menos por uma vez, a comédia "O voto feminino", que se passa no ambiente doméstico, com um casal que vive sob a expectativa de que o governo conceda o direito de voto para as mulheres. De forma bem-humorada, ela mostra a dificuldade dos homens de aceitarem a possibilidade do voto feminino.

No início do século XX, as sufragistas prosseguiam na defesa do voto feminino. Outras lutas também mobilizavam as mulheres, como as greves operárias, lideradas por elas próprias, pela redução da jornada de trabalho e pela regulamentação do trabalho feminino. Reivindicavam a abolição do trabalho noturno para as mulheres e para as crianças. Lutavam também pela igualdade salarial.

Por exemplo, em 1906, Maria Lopes e mais outras lançaram um manifesto às jovens costureiras para que apoiassem o movimento grevista, desencadeado em São Paulo. O manifesto conclamava as costureiras a denunciarem as péssimas condições de trabalho. A principal reivindicação era a jornada de trabalho de oito horas e a igualdade salarial entre homens e mulheres.

Ao mesmo tempo, uma parcela expressiva de mulheres, pertencentes à classe média e às classes dominantes, abraçava uma causa comum a mulheres de diversos países, que era a luta pelo sufrágio feminino. Em 1910, Leolinda de Figueiredo Dalho (1859 - 1935), professora e indianista (defensora da população indígena), fundava o "Partido Feminino Republicano", que defendia o direito de voto e o direito das mulheres de ocuparem cargos públicos. Em 1917, ela promoveu uma passeata de mulheres no Rio de Janeiro pelo voto feminino.

Em 1920, Bertha Lutz (1894-1976) e Maria Lacerda de Moura (1887-1945) fundaram no Rio de Janeiro a "Liga para Emancipação Internacional da Mulher", cuja preocupação principal era a luta pela igualdade política das mulheres. Mais tarde, em 1922, Bertha Lutz criou a "Federação Brasileira pelo Progresso Feminino", a qual irá dar um grande impulso à luta pelo sufrágio feminino. Junto à conquista pelo voto para as mulheres, a Federação se propunha a lutar pela educação e elevar o nível de instrução feminina, proteger as mães e a infância, obter garantias legislativas e práticas para o trabalho feminino.

Maria Lacerda de Moura mudou-se para São Paulo e ficou indignada com a situação e condições de vida dos trabalhadores paulistas. Passou a ter, então, uma atuação política junto ao movimento operário anarquista. Assumiu a presidência da Federação Internacional Feminina, entidade criada pelas mulheres de Santos e São Paulo. Essas mulheres lutaram para modificar o currículo das escolas femininas, incluindo a disciplina "História da mulher, sua evolução e missão social".

Alguns homens políticos passaram a apoiar a campanha sufragista. No Rio Grande do Norte, o presidente da Província (cargo equivalente ao governador do estado, hoje), Juvenal Lamartine, fez aprovar uma lei que permitia o direito feminino ao voto em 1927. Registraram-se as primeiras eleitoras em abril de 1928, 15 mulheres votaram naquele estado. O governo federal não reconheceu os votos das 15 eleitoras potiguares. Mas uma delas, Alzira Soriano (1897 - 1963), foi eleita prefeita do município de Lajes (RN), a primeira prefeita da América Latina, em 1928.

Somente em 1932, o direito de voto, com restrições, vai se tornar uma realidade para as brasileiras. Em 1933, houve eleições para a Constituinte (assembleia de parlamentares encarregados de redigir a Constituição, a lei principal de um país), uma reivindicação prioritária dos paulistas. Pela primeira vez, foi eleita uma mulher, como deputada constituinte: a médica paulista Carlota Pereira Queiroz (1892-1982). A Constituição brasileira de 1934 procurou estabelecer um regime democrático. Foi a primeira a se preocupar com os direitos trabalhistas. Foi introduzido, pela primeira vez, o direito à igualdade entre os sexos no texto constitucional. No próximo capítulo, vamos falar da luta pela constituinte logo após a ditadura (1964-1985) e da participação das mulheres nessa luta, mas antes gostaria de destacar a importância do feminismo hoje.

10. Feminismo: uma necessidade atual

Para encerrar este capítulo, quero enfatizar que pela legislação atual, no Brasil, mulheres e homens têm igualdade de direitos. Na prática, no entanto, as mulheres ainda recebem salários menores do que os dos homens, mesmo realizando as mesmas funções.

Poucas mulheres ocupam assento nos cargos de governo, assim como nas cúpulas do judiciário e do legislativo. O mesmo ocorre nas instituições econômicas e financeiras como bancos e demais atividades correlatas.

Quantas mulheres foram presidentas do Congresso Nacional ou a do Senado? Nenhuma. É absurdo que nenhuma mulher tenha ocupado o cargo da Presidência da Câmara Federal ou do Senado até os dias atuais. Ambas instituições devem completar 200 anos de existência em breve: o Senado foi criado em 1824 e Câmara Federal, em 1826.

Quantas mulheres foram presidentas da Corte Suprema em nosso país? Apenas três ministras ocuparam a presidência do STF, a mais alta instância do judiciário: Ellen Gracie (2006 a 2008), Carmem Lúcia (2016 a 2018), e atualmente Rosa Weber que acaba de assumir e deve permanecer no cargo até 2024.

Lembremos que no Senado e na Câmara, a presidência é determinada por eleição de seus integrantes enquanto que no STF, a escolha para a presidência se dá por sistema de rodízio e por antiguidade.

A única mulher, no Brasil, que ocupou o cargo da Presidência da República (2011 – 2016), Dilma Rousseff, eleita, duas vezes, pelo voto popular, acabou sofrendo um processo de *impeachment* que a afastou da chefia do Executivo, o que a impediu de terminar seu segundo mandato. Na maioria dos debates sobre seu afastamento, prevaleceram ataques misóginos como "esta mulher não tem capacidade para governar", é "histérica", "descontrolada", "burra", "anta", "louca", "incompetente", "tresloucada" e "devassa", entre tantas outras violências.

São as feministas que mostram as desigualdades entre homens e mulheres, seja na política, na economia, na cultura e na sociedade, em geral. Quando falamos em feminismo não podemos deixar que este seja entendido como oposto de machismo. Enquanto o feminismo é contra todo tipo de opressão, o machismo reforça as opressões, a dominação e a exploração. O machismo é resultado do patriarcado capitalista e é alimentado por ele. Portanto, há uma distância enorme entre o que é feminismo e o que é o machismo. Não dá para confundir. O feminismo é um movimento político e o machismo é um comportamento estimulado e reforçado pelo patriarcado capitalista, o qual, por sua vez, está organizado para subjugar todas as pessoas que não se encaixem no perfil de "homem branco de classe alta". E são muitas as pessoas que não possuem essas características e, por isso, o feminismo é uma luta pelos direitos da maioria da população e também uma luta contra toda forma de opressão.

Infograma nº. 8: Homem [não] chora!

O machismo corresponde a comportamentos que discriminam as mulheres, ignoram seus direitos, seus valores, as humilham e fortalecem os privilégios dos homens. Mulheres e homens podem exercer comportamentos machistas e reforçarem a opressão das mulheres. Sem dúvida, os homens pensam que levam "vantagens" com o machismo. Mas são vantagens entre aspas. Quem leva "vantagem" quando se defende a ideia de que "os homens não devem chorar" ou que os homens são os "provedores" da casa"? Certamente, nem homens nem mulheres ganham com esta afirmação de que homens não choram ou são os únicos provedores da família. Pois ambos, mulheres e homens, podem e devem chorar quando se sentem sufocados, com dor no corpo ou sob uma forte tensão emocional. Ou simplesmente, quando tiverem vontade de chorar, por que não chorar?

Sobre prover a família, tanto homens quanto mulheres sustentam ou devem equilibrar o sustento da casa igualmente se a compartilham, sendo ambos provedores. É bom lembrar que sustentar uma casa e família significa não só ter um trabalho remunerado mas também garantir a realização do trabalho doméstico.

Capítulo 2

Constituição Federal de 1988 e igualdade jurídica entre mulheres e homens

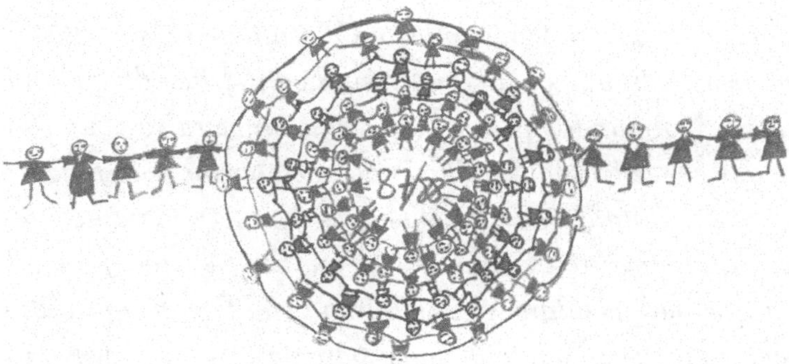

Eu escrevi este capítulo porque considero que a Constituição Federal de 1988 representa, no Brasil, o marco mais importante da ação política das mulheres na construção de direitos, no século XX.

Participei, com muito empenho e orgulho desse processo, na condição de uma militante feminista, e considero fundamental que as novas gerações saibam que foi uma luta unitária, que fez com que nós mulheres nos tornássemos cidadãs, no sentido de participantes ativas, como seres humanos com direitos e deveres. As parlamentares eleitas constituintes representavam um pouco mais de 5%. Mas souberam se aliar às demais mulheres, o que ampliou sua força política.

Com a participação organizada de mulheres de várias partes do Brasil, pudemos colocar na Constituição de 1988 direitos que nossas avós e mães nunca tiveram a oportunidade de ver inscritos na lei.

Daí a importância de conhecer esse momento histórico.

Ao escrever este capítulo, tive uma surpresa boa. Em 2021, no dia 16 de maio, no Chile, foi realizada a eleição para fazer a nova Constituição. O resultado se concretizou num feito histórico, com mais mulheres eleitas do que homens. No mundo, que eu saiba, é a primeira vez que isso acontece: de ter mais mulheres do que homens para se fazer uma Constituição. Diferentemente do que sempre acontece na política tradicional, das 81 mulheres eleitas (no total são 155 parlamentares eleitos) várias delas tiveram que ceder suas vagas a candidatos homens para seguir a regra de igualdade de gênero. Oxalá, essa moda se espalhe pelo mundo.

1. A luta por uma Constituinte começa com o fim da ditadura militar (1964-1985)

De 1964 a 1985, o Brasil viveu sob a ditadura militar. A repressão política atingiu as organizações sindicais, estudantis, culturais, artísticas, de moradores de favelas e periferias, movimentos populares e democráticos.

Havia repressão política, com torturas, prisões e assassinatos de pessoas da oposição. Milhares e milhares de pessoas foram atingidas. Algumas morreram em ações, outras ficaram presas por algum tempo. Outras tantas são desaparecidas (vítimas do desaparecimento forçado: foram presas, mortas e os agentes desapareceram com seus cadáveres, não os entregaram aos familiares para um sepultamento digno). Outras foram marcadas pelo sistema repressivo e eram perseguidas sem nenhum motivo aparente.

A ditadura não governou de acordo com a Constituição brasileira de 1946, considerada a mais democrática, até então.

A ditadura governava por atos institucionais, feitos sem nenhuma participação das instâncias democráticas e populares como, por exemplo, o próprio Congresso Nacional, que era surpreendido com medidas autoritárias e, se reagisse às investidas ditatoriais, podia ser imediatamente fechado ou, então, eram cassados os parlamentares mais inconformados.

Em 13 de dezembro de 1968, foi editado o mais truculento dos atos, o Ato Institucional nº. 5 (ficou conhecido como o terrível "AI-5"). Este ato tinha o poder de fechar o Congresso Nacional quando e como quisesse o ditador. Passou a ser possível prender, sequestrar, matar e desaparecer com os corpos. Cassar parlamentares eleitos pelo voto popular e funcionários públicos concursados. Estabeleceu-se a mais dura censura e foi suspenso o *habeas corpus* (proteção das pessoas contra abusos de autoridades do poder público). Ninguém mais podia ir às ruas para uma passeata ou marcha. Poderiam ser presas ou mesmo metralhadas.

As mulheres tiveram atuação expressiva nos movimentos de resistência contra a ditadura militar.

Fazer política sob uma ditadura era assunto proibido. Trazia, portanto, novos desafios: ficar em silêncio político ou ter uma vida clandestina para se manterem na militância e evitarem cair nas garras dos repressores.

As mulheres trabalharam na imprensa clandestina, escreveram e imprimiram jornais, panfletos e outras publicações, fizeram inscrições nos muros de fábricas e em outros locais: "Abaixo a Ditadura!", "Anistia, Ampla, Geral e Irrestrita", "Viva o 8 de março: Dia Internacional da Mulher", entre diversas outras inscrições. As mulheres cuidavam das casas onde escondiam militantes políticos que defendiam a democracia, faziam reuniões e também moravam ali. Havia o trabalho doméstico, o trabalho cotidiano de cuidados, que eram intrínsecos a essa convivência. Em algumas dessas casas, havia casais com crianças pequenas, que exigiam ainda mais cuidados. A divisão das tarefas era desigual: a sobrecarga das mulheres era e continua sendo maior.

Diversas formas de luta foram criadas, no campo e nas cidades. As mulheres davam assistência e orientação à saúde da população mais pobre, alfabetizavam crianças e adultos. Promoviam a organização de trabalhadores em suas ações de protesto, realizando panfletagens em portas de fábrica ou organizando greves. Tudo isso era proibido e, por isso, corriam riscos.

A grande maioria das mulheres foi para o mercado de trabalho formal.

Outras participaram de ações armadas em áreas urbanas e rurais. Muitas foram sequestradas e/ou presas, torturadas, estupradas, assassinadas e tiveram seus corpos ocultados pela repressão política. São conhecidas como "desaparecidas políticas". Há homens também "desaparecidos políticos".

Tiveram iniciativa de criar e/ou apoiar movimentos populares periféricos para conter a alta do custo de vida, lutar pelo direito à saúde, por creches, entre outras reivindicações coletivas. Participaram – junto a intelectuais, artistas, jornalistas, advogados e advogadas – de movimentos por liberdades políticas e anistia às pessoas perseguidas, exiladas e presas políticas.

Durante a ditadura, a censura impedia que a opinião pública tomasse conhecimento do que se passava. As mulheres tornaram-se assunto proibido. Houve revistas e jornais totalmente censurados por tratarem da questão da mulher. Por exemplo: a "Revista Realidade", no. 10, de janeiro de 1967 e o "Jornal Movimento", no. 45, de dezembro de 1976, foram censurados e impedidos de circular, porque traziam informações sobre a situação das mulheres e o que elas pensavam sobre sexualidade, abortamento, maternidade, parto, saúde, casamento, divórcio, profissão, trabalho, educação entre outras questões.

A editora da escritora Cassandra Rios (1932 - 2002), cujos livros eram os mais lidos e vendidos no país, foi fechada e proibida de funcionar, por ordem do Ministério da Justiça em 1976, porque seus livros traziam romances sobre relações homoafetivas entre mulheres. Havia proibição da prática de futebol por mulheres e de outros esportes sob a alegação de irem contra a "natureza feminina" (Decreto-Lei nº 3.199 de 1941).

As mulheres reivindicavam democracia em casa e nas ruas. Este slogan foi primeiramente usado pelas feministas chilenas, que, por sua vez, também viviam sob a ditadura de Pinochet (1973-1989). A lei dizia que o chefe da sociedade conjugal era o homem (Código Civil de 1916, com vigência até 2002).

Outros movimentos passaram a ter uma maior atuação, o de estudantes, o sindicalista, movimento negro, o de homossexuais e também movimentos pelo transporte público, em defesa da Amazônia, por moradia e tantos outros.

O ano de 1975 foi declarado pela ONU – Organização das Nações Unidas – o Ano Internacional da Mulher. As brasileiras aproveitaram a brecha e organizaram vários eventos para falar do feminismo e da condição das mulheres. Fizeram jornais feministas, manifestaram publicamente a necessidade de conhecer e decidir sobre seus corpos, sua sexualidade e o direito de escolha de ser ou não mães, reivindicaram o direito à saúde da mulher em todas as fases da vida, de ter o direito de viver sozinhas, de viver sem violência. Continuaram a luta (que persiste até hoje) de exigir salário igual ao dos homens quando exercem a mesma função. Reivindicaram o direito de exercer todas profissões mesmo as "ditas masculinas", como ser maquinista de trem, motorista de ônibus, frentista, taxista, jogadora de futebol entre tantas.

As primeiras a enfrentarem o AI-5 nas ruas foram as mulheres. Elas aproveitaram que o ano de 1975 foi declarado pela ONU o Ano Internacional da Mulher e foram às ruas. As mulheres da periferia lançaram um abaixo-assinado para que o governo baixasse os preços dos alimentos e combatesse a alta do custo de vida. Outras mulheres da classe média, advogadas, artistas e professoras reivindicaram a anistia ampla, geral e irrestrita para pessoas perseguidas e presas por serem contrárias à ditadura. As feministas foram reivindicar direitos em casa e na rua.

Elas enfrentaram os preconceitos e barreiras machistas. A partir daí, foram também para as ruas os movimentos de estudantes e de trabalhadoras e trabalhadores.

A ditadura estava desmoralizada para a maioria da população. Perdia rapidamente a sua sustentação social.

Passou a existir uma certa euforia na sociedade que voltou a defender direitos e democracia.

O AI-5 foi revogado em 1978 e foi aprovada a Lei da Anistia em 28 de agosto de 1979.

Em 1984, milhares de pessoas dos mais diversos segmentos sociais foram às ruas reivindicar eleições diretas para Presidente da República, com manifestações em quase todo o Brasil.

As mulheres organizadas iam às ruas, onde imprimiam sua marca, com dizeres como: "Direitos e Diretas!" ou "Democracia em casa e nas ruas".

Com tanta movimentação social, com participação de diversos setores da sociedade reivindicando democracia, a ditadura não teve outra alternativa a não ser desistir e assistir, mesmo que contrariada, às cenas da recuperação da democracia. Esta fase política recebeu o nome de "transição democrática" ou "redemocratização".

Houve, então, a necessidade de reorganizar as instituições e a sociedade para se viver em democracia. A primeira medida foi a instalação de um governo civil.

Não foi possível ganhar o direito de votar para presidente da República naquele momento. Mas foi escolhida uma chapa para a Presidência da República pelo Congresso Nacional, com Presidente e Vice-Presidente, ambos civis: Tancredo Neves (1910 - 1985) e José Sarney (1930 -). Como Tancredo Neves adoeceu nas vésperas da posse (15 de março de 1985) e alguns dias depois (21 de abril de 1985), veio a falecer, o vice-presidente tornou-se o Presidente da República.

Após a posse do governo civil (1985), a necessidade de se ter uma nova Constituição elaborada por uma Constituinte democrática começou a crescer e, praticamente, teve adesão de toda a sociedade.

As mulheres organizadas começaram a esboçar o movimento por uma constituinte livre e soberana, com palavras como

> "*Votar pra Presidente, todo mundo quer,*
> *agora a gente quer Constituinte com mulher*".

> "A *mulher não se engana,*
> *Constituinte livre e soberana!*

Infograma nº. 1: O que é uma Constituinte e para que serve? O que é uma Constituição?

A Constituinte, enquanto uma instituição democrática, é uma assembleia de representantes da população, eleitas e eleitos pelo voto popular, com poderes para fazer uma nova Constituição (um conjunto de leis que organiza o estado e a sociedade como um todo) para o país.

A Constituinte é soberana quando seus integrantes são eleitos somente para fazerem a Constituição. Quando eles têm a função de fazer as outras leis que não somente as da Constituição, não é uma constituinte soberana. Este foi o caso da nossa Constituinte de 1987 e 1988. O Congresso tinha, então, duas funções exercidas simultaneamente: fazer as leis da Constituinte e fazer as leis comuns.

A Constituição é a reunião das principais leis e princípios para organizar o estado, a sociedade e governar o país. As leis elaboradas e aprovadas pela Constituinte precisam ser sistematizadas em capítulos temáticos como, por exemplo: família, saúde, educação, cultura, assistência social, habitação, direitos trabalhistas, direitos de aposentadoria, direitos e deveres individuais e coletivos, direitos políticos, entre tantos outros. A sistematização dessas leis aprovadas pela Constituinte transforma-se em Constituição. A constituição tem o poder de fazer funcionar os poderes do Estado: executivo, legislativo e judiciário. Essas leis e princípios indicam o caminho de como devem funcionar a União, os Estados e Municípios.

A Constituição se pauta em princípios como, por exemplo, o princípio da transparência que deve mostrar à população tudo o que ocorre em termos de políticas públicase sua execução, o princípio da publicidade que obriga os governantes a publicarem todos os seus atos, os orçamentos previstos e os gastos.

A Constituição é a reunião das leis mais importantes que regulam a vida do país e das pessoas que vivem nele. É chamada de "lei maior" e as demais leis que poderão ser feitas precisam respeitar a Constituição.

A Constituição é a lei que organiza o estado e a sociedade, define a economia, a política e a vida social e estabelece os direitos e deveres das pessoas que vivem no país. Se uma lei não está de acordo com a Constituição, é chamada de **inconstitucional e deve ser revogada**.

A ditadura desconsiderou a Constituição e passou a fazer leis e atos inconstitucionais. O estado deixou de ser constitucional e passou a ser um estado de exceção. Daí a necessidade urgente de se fazer uma nova Constituição.

A Constituição para ser realmente democrática precisa da participação popular, que deve eleger pessoas que vão representar a diversidade social e política da sociedade. As propostas dos diversos segmentos da população devem ser encaminhadas, debatidas, aprovadas e transformadas em direitos e leis.

Para isso acontecer precisamos que sejam respeitados os direitos políticos das pessoas tanto para votar como para serem votadas. É necessário o direito à liberdade política para defender as propostas da sociedade. Enfim é necessário que a democracia seja estabelecida.

Infograma nº. 2: As Constituições brasileiras

Em 1824: Quem governava o Brasil era o imperador D.Pedro I. Ele representava os interesses dos poderosos: os nobres que viviam a sua volta e os portugueses que exploravam as riquezas naturais do Brasil e se tornavam cada vez mais ricos.

Por ter declarado a independência do Brasil em relação a Portugal, em 7 de setembro de 1822, D. Pedro I convocou eleição de deputados, em 1823, com o objetivo de fazer a primeira Constituição. Essa eleição não foi nada democrática. Praticamente toda a população ficou de fora, como as pessoas negras porque eram escravizadas; as pessoas pobres porque só podia votar quem tivesse renda maior de 100 mil réis e só podia ser candidato quem tivesse renda maior que 200 mil réis por ano.

O voto não era secreto. Somente ricos podiam participar dessa eleição, mesmo que fossem analfabetos. Foram eleitos uma centena de deputados, a maioria deles era dono de grandes fazendas ou grandes comércios.

Os deputados fizeram uma Constituição que impedia a saída de dinheiro do Brasil para Portugal. D. Pedro I não gostou dessa Constituição e fechou a Constituinte. Escolheu uma pequena Comissão de Nobres, presidida por ele mesmo e fez outra Constituição de acordo com os seus próprios interesses.

Características:

- As pessoas pobres e os libertos eram proibidos de participar das eleições, assim como as mulheres e os não católicos.

- Os deputados seriam eleitos pela forma indireta.

- As "corporações de ofícios", que eram as primeiras organizações sindicais, foram proibidas de funcionar.

- Foi criado o "Poder Moderador", além dos Poderes Executivo, Legislativo e Judiciário. O "Poder Moderador" era somente do Imperador e era superior aos demais poderes. Assim, o Imperador poderia fazer o que quisesse.

Em 1891: Houve uma nova Constituição. Em 1888, foi assinada a lei da abolição da escravatura e, no ano de 1889, foi proclamada a República, um novo regime político.

A convocação da Constituinte já determinava que eram proibidas as participações de mulheres (brancas, negras e indígenas), soldados, religiosos e menores de 21 anos.

O voto não era secreto e havia muitas fraudes. Os deputados, eleitos para a Constituinte, eram donos de grandes fazendas, de grandes comércios, representantes dos bancos e militares.

O republicano, Lopes Trovão (1848-1925), jornalista e médico, foi o deputado constituinte que levou para a assembleia as vozes das feministas que lutavam pelos direitos de voto, divórcio e educação. Ele era contrário à monarquia e um fervoroso abolicionista. Era amigo da maestrina Chiquinha Gonzaga (1847-1935). Lógico que suas propostas foram derrotadas, mas marcou a participação masculina na história da luta pelos direitos das mulheres.

Características:

- Eleição direta para Presidente da República (menos para o primeiro Presidente que foi escolhido pela própria Constituinte).

- Os que foram proibidos de votar para a Constituinte continuaram proibidos de participar das próximas eleições.

- A religião católica não foi colocada como religião oficial do país e as escolas públicas passaram a não ser religiosas.
- Não foi colocado nenhum direito trabalhista.

Em 1934: Com o crescimento industrial, os empresários também queriam participar do poder político, que estava nas mãos dos grandes fazendeiros, que tinham polícias particulares e, por isso, eram chamados de "coronéis". Em 1930, esses "coronéis" apoiaram os militares que deram posse ao Getúlio Vargas para a Presidência da República.

Os paulistas não gostaram nada disso e protestaram num movimento com o nome de "Constitucionalista". Mas os paulistas perderam e Getúlio continuou a governar do jeito que ele queria.

Os trabalhadores urbanos cresceram numericamente e passaram a fazer greves para ter direitos. O governo percebeu que era melhor conceder alguns direitos para os trabalhadores.

Getúlio Vargas convocou eleições para a Constituinte em 1933. A grande novidade foi que as mulheres puderam votar, pois o Código Eleitoral de 1932 garantiu o voto feminino. Uma delas, a médica Carlota Pereira de Queirós, foi eleita. Os soldados, os analfabetos e os religiosos continuaram proibidos de votar.

Características:

- Pela primeira vez uma mulher foi eleita constituinte: Carlota Pereira de Queirós (1892 - 1982). Era paulista, médica e participou do movimento Constitucionalista de 1932, cuidando dos feridos.
- Pela primeira vez, houve uma preocupação com os preconceitos por motivo de sexo, raça e classe social.

- O artigo 113, parágrafo 1º dizia: "Todos são iguais perante a lei. Não haverá privilégios, nem distinções, por motivo de nascimento, sexo, raça, profissões próprias ou dos pais, classe social, riqueza, crença religiosa ou ideias políticas."
- Reconheceu os sindicatos e o direito de greve.
- Estabeleceu direitos trabalhistas: o salário mínimo, jornada de trabalho de 8 horas, o pagamento do repouso semanal e das férias, a indenização por dispensa sem justa causa.
- Reafirmou o voto para as mulheres e incluiu o direito de voto aos maiores de 18 anos.
- O problema foi que deu superpoderes ao Presidente da República, inclusive o poder de se tornar ditador quando o país fosse "ameaçado por agressão armada".

Em 1937: Getúlio Vargas implantou uma ditadura - que ficou conhecida como "Estado Novo". Fechou o Congresso Nacional e todos os partidos políticos.

Foi feita uma nova Constituição que substituiu a de 1934. Foi elaborada de forma arbitrária e autoritária. Getúlio Vargas convidou um amigo seu, o jurista Francisco Campos (1891-1968), para que fizesse sozinho a Constituição. Esta Constituição ficou com o nome de "polaca", porque foi copiada da Constituição Polonesa.

Características:

- Colocou todos os sindicatos sob o controle do governo.
- Proibiu greves.
- Fechou os partidos políticos.
- Previu eleições indiretas para Presidente da República pelo Colégio Eleitoral.

- Conferiu ao Presidente da República o poder de tirar governadores e nomear interventores.

O "Estado Novo" durou de 1937 até 1945. Com o fim da 2a. Guerra Mundial, Getúlio Vargas sentiu a pressão popular, houve mais um golpe e ele foi deposto do governo. O povo clamava por democracia. No mundo, as ditaduras na Alemanha de Hitler, na Itália de Mussolini tinham sido derrotadas.

Os partidos políticos se reorganizaram, foi reduzida a censura e foi concedida a anistia aos presos e perseguidos políticos.

Em 1946: houve uma campanha de rua por uma constituinte democrática. Houve eleições também para Presidente da República, já que Getúlio Vargas tinha sido deposto. Mais da metade da população adulta não votou porque continuou proibido o voto dos analfabetos e dos soldados.

Foram eleitos 320 deputados. Nenhuma mulher. A grande maioria dos eleitos eram fazendeiros ou seus representantes. Por volta de 40 deputados vinham das classes trabalhadoras.

Características:

- "Todos são iguais perante a lei" (art.141, parágrafo 1º).
- O art.153, parágrafo 1º da Constituição de 1946 diz: "será punido pela lei o preconceito de raça". Mas não se referia ao preconceito de sexo.
- Foram inscritos os direitos das pessoas.
- Foram reestabelecidas eleições diretas.
- Estabeleceu-se a independência dos três poderes (Legislativo, Executivo e Judiciário).
- Foi inscrito o direito de greve.

- Os sindicatos permaneceram sob o controle do governo.

- Houve a abolição da obrigação das empresas mineradoras e dos bancos serem brasileiros.

Em 1967 e 1969: Com o golpe militar de 1964, foi cancelada a Constituição de 1946. Foi substituída pela lei chamada de Ato Institucional no.1 que dizia assim: "A revolução vitoriosa se investe do poder Constituinte". Isto queria dizer que a partir de então, o governo militar faria as Constituições do jeito que quisesse. Foi o que aconteceu com as Constituições de 1967 e 1969 (esta foi uma Emenda à Constituição de 1967).

Características:

- Os salários foram reduzidos.

- Foram proibidas as greves.

- As intervenções nos sindicatos foram permitidas. Podiam substituir diretores eleitos pelas categorias por interventores indicados pelo governo.

- A saúde e a educação foram privatizadas, com raríssimas exceções.

- Qualquer pessoa que não estivesse de acordo com o governo podia ser presa, torturada, expulsa (banida) do país e até podia ser morta.

- O governo podia cassar parlamentares e o Congresso Nacional foi fechado algumas vezes.

- Não havia eleições diretas para Presidente da República.

- Houve o fechamento dos partidos políticos. Só tinham autorização para funcionar dois partidos políticos: Arena e MDB.

- Restabeleceu-se a censura à televisão, rádio, jornal, revistas, letras de música, cinema e teatro.
- Foi criado o Serviço Nacional de Informações - SNI - que espionava tudo o que o governo quisesse.

(Silvia Pimentel, "A Mulher e a Constituinte: uma contribuição ao debate", Editora Cortez e EDUC, São Paulo, 1985.)

2. *Agora a gente quer "Constituinte com Mulher"!*

A Constituição é um documento que possui um conjunto de leis e diretrizes que orientam como devem ser estabelecidas e organizadas as atividades do Estado, em suas funções executivas, legislativas e judiciárias e regulamentam as relações entre as pessoas diante da sociedade e das instituições. Define a política fundamental do estado e representa a lei maior do país. Estabelece o ordenamento jurídico (leis, normas, regulamentações). Os países democráticos são regidos pela Constituição. Às vezes é chamada de "Carta Magna". Este nome foi dado a uma das primeiras constituições escritas em 1215, no reino inglês. Com ela criaram-se condições de liberdade e de direitos, limitando assim o papel do estado "absolutista" e também do rei João.

A Constituinte é uma reunião de pessoas eleitas diretamente pelo voto popular para ocuparem o Congresso Nacional (Câmara e Senado), num determinado período, com o objetivo de fazer uma nova Constituição.

Com o fim da ditadura militar, em 1985, uma das primeiras medidas tomadas foi a convocação da Constituinte, cujas eleições ocorreram em 1986.

A mobilização das mulheres para a Constituinte se deu de imediato. O que resultou na conquista de igualdade de direitos entre mulheres e homens, num processo de muita participação, luta e presença de movimentos sociais feministas durante as reuniões de elaboração da Constituição e de mobilização nas eleições de 1986.

Vamos destacar algumas ações políticas feministas que foram fundamentais para garantir uma participação massiva das mulheres.

A década de 1980 veio com mobilizações populares e, com elas, cresceram as participações políticas. As mulheres urbanas e rurais, as da periferia, as indígenas, as negras, as lésbicas, as pescadoras e quebradeiras de coco babaçu, ribeirinhas, estudantes e intelectuais, artistas, professoras, trabalhadoras domésticas e trabalhadoras do sexo ou prostitutas começaram a trazer para os espaços públicos suas necessidades, reivindicações e aspirações. Feministas negras passaram a se articular em torno de lideranças do Movimento Negro Unificado (MNU), como Lélia Gonzalez (1934-1994), Thereza Santos (1930-2012), Luiza Bairros (1953-2016) e Beatriz Nascimento (1942-1995). Elas se organizaram em grupos específicos de feministas negras para elaborar suas propostas políticas.

"O movimento feminista nacional abriu-se em leques, brancas, negras, lésbicas, partidárias, religiosas. Havia feministas em praticamente todas as consignas libertárias", escreveu Hildete Pereira de Melo (2018, p. 45).

A pressão das mulheres cresceu de tal forma que o governo civil instalado em 1985, criou, naquele mesmo ano, o Conselho Nacional dos Direitos da Mulher (CNDM), um órgão público, com a participação de mulheres representantes da sociedade civil. Em 1983, em São Paulo, já havia sido criado o primeiro órgão público voltado para as políticas públicas feministas: o Conselho Estadual da Condição Feminina, que muito trabalhou para levar as aspirações das mulheres à Constituinte e estimulá-las a saírem candidatas nas eleições de 1986. Pela primeira vez, na História da República, foram eleitas 26 mulheres para fazer a Constituição.

As iniciativas de mulheres se deram em muitos estados e municípios do território nacional. Em São Paulo, mulheres organizadas realizaram, no Plenário da Câmara Municipal, uma reunião de mulheres, com o nome de "mini-constituinte", onde 37 mulheres, eleitas em bairros periféricos da cidade, defenderam suas propostas para a Constituinte. Destaque mereceu a reivindicação de que fosse feito um capítulo sobre os direitos das mulheres, o que justificaria, segundo elas, o reconhecimento e a inclusão das suas propostas nos demais capítulos da Constituição que seria elaborada.

As mulheres, organizadas no Clube de Mães do município de Embu (região metropolitana paulista) escreveram sua carta de reivindicações:

> Queremos direitos iguais para o homem e para a mulher; (...) o marido não tem direito por motivo nenhum, de bater na sua mulher, porque a mulher não é propriedade do marido. (...) Que toda empregada doméstica tenha direitos trabalhistas iguais. (...) que toda dona-de-casa tenha um salário fixo por mês com direito a todos benefícios trabalhistas, inclusive aposentadoria ("Jornal Mulherio", março de 1986).

As mulheres de Pernambuco se manifestaram, sem perderem o humor, "as mulheres que falam pelos cotovelos, agora falam pela Constituinte".

No Paraná, o Movimento Popular de Mulheres se reuniu para encaminhar suas propostas. No Rio Grande do Norte, houve um encontro da Associação de Lavadeiras que reuniu muitas mulheres para fazerem propostas à Constituinte. Em Brasília, reuniram-se as empregadas domésticas.

Mulheres do campo de Guarabira (PB) pediam um pedaço de terra para elas e suas famílias poderem plantar e morar.

Jaqueline Pitanguy, que na época, era presidenta do CNDM (1986-1989), lembra-se que:

> Organizamos uma grande articulação nacional envolvendo todos os Conselhos Estaduais de Direitos da Mulher, Conselhos Municipais, as mais diversas organizações de mulheres como trabalhadoras rurais, empregadas domésticas, trabalhadoras das centrais sindicais como CGT (Central Geral dos Trabalhadores), CUT (Central Única dos Trabalhadores), associações profissionais,

> grupos feministas e movimentos sociais de todo o país. Visitamos todas as capitais onde, em parceria com os movimentos locais, conclamávamos as mulheres a apresentarem propostas para a Constituição, a participarem deste momento crucial da vida política do país. (Silva, 2016, p. 127).

3. *A carta das mulheres aos constituintes: 26 de agosto de 1986!*

O Conselho Nacional dos Direitos da Mulher (CNDM) criou dois slogans que expressavam as aspirações das mulheres naquele momento e orientaram os trabalhos preparatórios: “Constituinte para Valer tem que ter Direitos da Mulher” e “Constituinte para Valer tem que ter Palavra da Mulher”. Assim o CNDM conclamou mulheres de todo o Brasil para juntas escreverem uma carta aos Constituintes, contendo suas reivindicações.

Esta carta teve todo um processo de preparação, de encaminhamentos de propostas e de cartas avulsas que muitas mulheres das diversas partes do país enviavam para o CNDM. E assim começou a ser preparado um encontro nacional de mulheres para concluir a carta e combinar como deveria ser sua entrega aos constituintes.

O encontro foi preparado e mobilizado, durante vários meses, com reuniões, seminários e debates, atividades de divulgação, regionais, nas áreas rural e urbana, com a participação de sindicatos de distintas categorias profissionais, trabalhadoras domésticas e profissionais do sexo, entidades estudantis, escolas, universidades e movimentos sociais diversos.

No dia 26 de agosto de 1986, em Brasília, no Congresso Nacional, foi realizado, então, o "Encontro Nacional de Mulheres pela Constituinte", com a participação de mais de 1500 mulheres. Chegaram, em Brasília e entraram no Congresso Nacional, com cartazes e faixas, com dizeres como: "Constituinte sem mulher, fica pela metade!", "Vivam as diferenças com direitos iguais!", "Agora a gente quer constituinte com mulher!".

As trabalhadoras rurais, as quebradeiras de coco babaçu, as pescadoras e ribeirinhas, donas de casa, idosas, trabalhadoras domésticas e profissionais do sexo, sindicalistas, atrizes, professoras e intelectuais cantavam alegres e barulhentas, ao entrarem naquele auditório: "Nossos direitos vêm, nossos direitos vêm, se não vêm nossos direitos, o Brasil perde também!".

Num clima de esperança e entusiasmo, elas concluíram a carta que incorporou as demandas de mulheres vindas de várias partes do país.

Eis uma síntese dos itens contidos na Carta.

Nos Direitos e Garantias, mulheres e homens têm iguais direitos ao pleno exercício da cidadania; ninguém será prejudicado ou privilegiado em razão de nascimento, raça, cor, sexo, orientação sexual, estado civil, trabalho rural ou urbano, religião, convicções políticas e filosóficas, deficiência física ou mental e qualquer outra peculiaridade ou condição; é assegurado às presidiárias permanecerem com suas crianças, pelo menos durante o período de amamentação; serão crimes inafiançáveis atos de discriminação atentatórios aos direitos humanos (tortura e racismo).

Na Família, igualdade de direitos e deveres entre os cônjuges; igualdade entre os filhos independente do vínculo existente entre mães e pais, de terem nascido dentro ou fora do casamento ou da união estável; proteção da família, instituída civil ou naturalmente; reconhecimento da união estável; o homem e a mulher têm direito de declarar a paternidade e a maternidade de seus filhos, assegurado a ambos o direito de contestação; mães e pais têm os mesmos direitos e deveres sobre os filhos; direito pleno ao divórcio; acesso da mulher rural à titularidade de terras independente do seu estado civil; dever do estado em coibir a violência no âmbito familiar.

No Trabalho, salário igual para o trabalho igual, acesso ao mercado de trabalho para exercer plenamente todas profissões de forma igualitária; direitos previdenciários e trabalhistas incluindo as trabalhadoras domésticas e rurais; proteção da maternidade e aleitamento, garantia de emprego para as mulheres grávidas; direito à creche para crianças de 0 a 6 anos, licença-maternidade e licença-paternidade no período natal e pós-natal; licença especial no momento da adoção; direito do marido ou companheiro de usufruir benefícios previdenciários da mulher, direitos iguais para trabalhadores/as das área rural e urbana.

Na Saúde, defesa do princípio de que a saúde é um direito de todas pessoas e um dever do Estado: defesa do SUS - Sistema Único de Saúde; garantia de assistência integral à saúde da mulher em todas as fases de sua vida; garantia da livre escolha pela maternidade, garantia da assistência ao pré-natal, parto e pós-parto; garantia do direito de interromper a gravidez com condições adequadas; garantia do direito de mulheres e homens determinar se querem ou não exercer a maternidade e a paternidade, e se quiserem, mulheres e homens têm o direito a decidirem o número de filhos que querem ter; o acesso gratuito aos contraceptivos, com assistência médica; fiscalização e controle das pesquisas e experimentações desenvolvidas nos seres humanos, em especial nos corpos das mulheres.

Na Educação e Cultura, a carta falava da importância de garantir: a igualdade de direitos entre os sexos em todas as atividades; dar ênfase na luta contra o racismo e outras formas de discriminação; tornar obrigatório o ensino da história da África e da cultura afro-brasileira; zelar por uma educação e cultura igualitárias, a serem promovidas pelos meios de comunicação; zelar pela imagem social da mulher sem preconceitos e estereótipos discriminatórios; registrar os dados nas estatísticas, considerando os fatores: sexo, raça, cor e idade. **Na questão da violência**, previa criminalizar qualquer ato de agressão física, psicológica ou sexual, dentro ou fora do lar; retirar da lei a expressão "mulher honesta" e o crime de adultério; o dever do Estado de garantir assistência médica, jurídica, social e psicológica à mulher vítima de violência; o crime sexual passa a ser crime contra a pessoa (homem ou mulher) e não contra os costumes; criar delegacias especializadas e casas abrigo para as mulheres ameaçadas de morte.

Nos Direitos Internacionais, havia a recomendação para que o estado brasileiro seja signatário, ratifique e incorpore na legislação interna, tratados e convenções internacionais de direitos humanos, em especial os direitos das mulheres, sem reservas ou restrições.

Essas propostas, para serem defendidas, exigiram uma atuação cotidiana intensa junto aos Constituintes. Foram transformadas em Leis Constitucionais, pelo menos, cerca de 80% dessas propostas.

Voltaremos a comentar sobre a Carta e sobre quando ela foi entregue aos Constituintes, em 26 de março de 1987. A Constituinte foi instalada em 1º de fevereiro de 1987.

No próximo item, vamos falar um pouco sobre as deputadas eleitas.

4. Eleição de 1986: 26 deputadas constituintes, pela primeira vez na história!

Ao mesmo tempo em que as mulheres preparavam o Encontro Nacional, disputavam candidaturas nos partidos políticos e faziam campanhas eleitorais. Muitas delas tornaram-se candidatas ao parlamento constituinte nas eleições de 1986. Foram 166 candidatas em todo o território nacional. Dessas, 26 foram eleitas deputadas constituintes, nenhuma senadora foi eleita. Ao todo eram 559 constituintes, formados por 487 membros da Câmara de Deputados e 72 do Senado Federal, 5% eram mulheres. De fato, exerceram o mandato constituinte apenas 25 mulheres, pois, uma delas, Beth Mendes, assumiu a Secretaria de Cultura do Estado de São Paulo.

Nas palavras de Lídice da Mata, deputada eleita pela Bahia:

> Foi um feito na época. Pela primeira vez, passamos de meia dúzia de deputadas para mais de 20. A participação na Constituinte serve de exemplo para todos os movimentos sociais do Brasil. Estivemos unidas de forma suprapartidária. Buscávamos sempre o consenso. (Lima, 2007, p.2)

Maria de Lourdes Abadia, eleita constituinte pelo DF - Distrito Federal, lembra que

> Éramos tão diferentes. Entre as 26, duas eram filhas de ex-presidentes (Juscelino Kubstichek (1957-1960) e Jânio Quadros (1961, tendo renunciado naquele mesmo ano), várias esposas de governadores, eu e a Benedita da Silva, que vínhamos de favela. Ainda assim, com todas essas diferenças, encontrávamos o consenso. Não era fácil. Eu me lembro de debates intensos sobre a legalização do aborto. Por exemplo, Cristina Tavares (PMDB-PE) e Sandra Cavalcanti (PFL-RJ). A primeira era a favor da legalização do direito ao aborto, já Sandra era contra, era católica fervorosa. (Lima, 2007, p.2)

As deputadas chegaram ao Congresso Nacional e não havia banheiro feminino no plenário. O famoso arquiteto, Oscar Neymar, responsável pelo projeto de construção de Brasília, inclusive pelo prédio do Congresso Nacional, nos anos de 1957 a 1959, não pensou na possibilidade de que um dia haveria mulheres deputadas.

A primeira medida que elas tiveram que tomar foi solicitar a construção de banheiros femininos. A deputada Abadia acrescentou: "Quando reivindicamos banheiros, escutamos coisa do tipo: "Vocês não querem ser iguais aos homens? Aprendam a fazer xixi de pé!". (Lima, 2007, p.2).

A democracia chegava com a emergente força social e a Constituinte teve que criar instrumentos para acolher as demandas populares. Foram dois os principais meios para fazer tais demandas: 1. participar das audiências públicas das subcomissões de trabalho, inclusive com o direito à palavra para representantes de ONGs e movimentos sociais; 2. propor emendas populares, com o mínimo de 30 mil assinaturas de eleitores e eleitoras.

As mulheres se organizaram e participaram com falas sobre diversos temas nas subcomissões, como saúde, família, trabalho, aposentadoria entre outros. Foram propostas emendas populares, sendo que a que destaco aqui é a de no. 65, a mais polêmica, por defender o direito à legalização do direito da mulher ao aborto ou de interromper uma gravidez indesejada.

Para participar das reuniões da Constituinte, colher assinaturas, articular com feministas de outras cidades, de outros estados e até mesmo da mesma cidade, era necessário falar ao telefone ou viajar até Brasília. Tudo isso se fazia presencialmente pois não havia internet, nem celular, nem rede social, nem fax naquela época. Tudo era imensamente trabalhoso e gastava-se um tempo enorme. Mas as mulheres estavam mesmo muito decididas a ter direitos e se mobilizavam o tempo todo, em diversos espaços.

A carta das mulheres foi entregue à Constituinte, num ato histórico, em 26 de março de 1987, que foi descrito numa matéria publicada pelo "Jornal do Brasil", de 27/03/1987. Este era um dos mais importantes jornais brasileiros:

Lideradas por uma feminista de 81 anos, Carmem Portinho (1903 - 2001), foi do movimento sufragista que conseguiu o voto feminino em 1932, 800 ruidosas e animadas mulheres ocuparam ontem a Câmara para fazer a entrega oficial de suas reivindicações ao presidente Ulysses Guimarães. Convocadas pelo Conselho Nacional dos Direitos da Mulher, procedentes de todas as partes do país, elas chegaram à Câmara às 16h, empunhando cartazes e cantando. Só às 18h, depois de terem tomado a mesa, o plenário e as galerias, cantando o Hino Nacional a plenos pulmões, de mãos dadas, elas se retiraram. Logo que chegaram à Câmara, houve um impasse: as mulheres concentradas no Salão Nobre queriam a todo custo invadir o plenário. Os ânimos se acalmaram com a chegada de Ulysses. Houve uma enorme confusão quando todas quiseram testemunhar a entrega da Carta das Mulheres à Constituinte. Apesar do tumulto, o documento foi entregue e as deputadas, lideradas por Benedita da Silva (PT-RJ), conduziram as mulheres às galerias e os parlamentares, ao plenário. Uma outra confusão formou-se quando os agentes de segurança chamaram as mulheres para guardar seus pertences. As prateleiras foram pequenas para bolsas, panfletos e cartazes. O presidente da sessão, Arnaldo Farias (PTB-SP), convidou as constituintes a integrarem a mesa, passando a presidência para a deputada mais experiente, Cristina Tavares (PMDB-PE). As mulheres aplaudiram com entusiasmo as parlamentares. Uma das mais aplaudidas foi Benedita da Silva, quando disse: "Estamos reclamando o direito à cidadania. Somos legítimas representantes daquelas que, em silêncio, possibilitaram que os senhores (dirigindo-se aos deputados)

> estejam sentados aí.". Também a deputada Beth Azize (PSB-AM) foi aplaudida quando disse que "mais da metade da Constituinte deveria ser composta por mulheres que representam mais de 50% do eleitorado brasileiro." Anna Maria Rattes (PMDB-RJ) ressaltou: "é a primeira vez que as mulheres são maioria neste plenário e na mesa. A nossa luta não é só das mulheres mas do povo brasileiro que busca igualdade social." (Silva, 2006, p. 151-2)

Infograma nº. 3: As deputadas constituintes

1. Abigail Feitosa: (1933 - 1991) médica, eleita pelo PMDB/BA.

2. Anna Maria Rattes (1939 -) advogada, eleita pelo PSDB /RJ.

3. Benedita da Silva (1942 -), assistente social e atual deputada federal pelo PT/RJ.

4. Beth Azize (1940 -) jornalista, advogada e professora, foi eleita pelo PSB /AM.

5. Beth Mendes (1949 -), atriz, eleita pelo PMDB/SP.

6. Cristina Tavares (1934 -1992), jornalista, eleita pelo PMDB/PE.

7. Dirce Tutu Quadros (1943 - 2014), bióloga, eleita pelo PTB/SP.

8. Eunice Michilles (1929 -), professora, eleita pelo PFL/AM.

9. Irma Passoni (1948 -), professora, eleita pelo PT/SP.

10. Lídice da Mata (1956 -), economista, eleita pelo PCdoB/BA.

11. Lúcia Braga (1934 - 2020), assistente social, eleita pelo PFL/BA.

12. Lúcia Vânia (1944 -), jornalista, eleita pelo PMDB/GO.

13. Márcia Kubitschek (1943 - 2000), jornalista, eleita pelo PMDB/DF)

14. Maria de Lourdes Abadia (1944 -), assistente social, eleita pelo PFL/DF.

15. Maria Lúcia Araújo (1935 -), contabilista e professora, eleita pelo PMDB/AC.

16. Marluce Pinto (1938 -), eleita pelo PTB/RR.

17. Moema São Thiago (1948 -), advogada, eleita pelo PDT/CE.

18. Myriam Portella (1932 -), advogada, eleita pelo PDS/PI.

19. Raquel Cândido (1951 -), comerciária, eleita pelo PFL/AP.

20. Raquel Capiberibe (1939 -), pedagoga, eleita pelo PMDB/AP.

21. Rita Camata (1961 -), jornalista, eleita pelo PMDB/ES.

22. Rita Furtado (1941 - 2011), radialista, eleita pelo PFL/RR.

23. Rose de Freitas (1949 -), jornalista, eleita pelo PMDB/ES.Em 2021, é senadora.

24. Sadie Hauache (1932 -), jornalista, eleita pelo PFL/AM.

25. Sandra Cavalcanti (1925 - 2022), professora, eleita pelo PFL/RJ.

26.Wilma Maia (1945 - 2017), professora, eleita pelo PDS/RN.

5. *Lobby do Batom*

Antes de falarmos do "Lobby do Batom", vamos ver o que se entende por *advocacy*. Jacqueline Pitanguy, a então Presidenta do Conselho Nacional dos Direitos da Mulher (CNDM), explicou que *advocacy* é "uma ação política desenvolvida junto ao Estado, ou outras instâncias nacionais ou internacionais no sentido de alcançar determinado objetivo." (Pitanguy, 2018, p. 12).

Em outras palavras, *advocacy* pode ser entendido como uma articulação política de pessoas junto aos poderes públicos, com estratégias preestabelecidas, para conseguir uma política pública ou uma solução para alguma situação injusta momentânea ou crônica. Pode ser entendido também como uma forma de pressão de movimentos sociais junto aos poderes públicos, estratégica e previamente planejada, para conquistar direitos.

Jacqueline Pitanguy afirma que "uma das características marcantes do movimento feminista brasileiro é sua capacidade de realizar ações de *advocacy* por leis e políticas públicas, definindo objetivos e estratégias de atuação." (Pitanguy, 2018, p. 6-7).

As mulheres se organizaram de modo a estarem em toda a parte onde o assunto era Constituinte.

As feministas ligadas ao CNDM, em Brasília, frequentavam, cotidianamente, o Congresso Nacional. Visitavam os gabinetes de parlamentares para defender suas propostas. Dividiam-se em grupos e iam de porta em porta entregar documentos ou conversar sobre os pontos da Carta. Passaram a ser chamadas de "lobistas" como tantos outros grupos que pressionavam os constituintes a votarem em suas propostas.

O nome "Lobby do Batom", segundo elas, foi criado depois que o fato de as mulheres estarem todos os dias no Congresso Nacional para tratar dos direitos começou a repercutir.

> (...) e aí um dia nós estávamos num corredor, andando pelas comissões, tinha um grupo de deputados, e aí a gente escutou um deles falar entre eles: "hum, lá vem o lobby do batom". (Silva, 2016, p. 194).

Na hora, as mulheres do CNDM ficaram nervosas mas depois decidiram partir para a ofensiva e criaram o "Lobby do Batom", com cartazes, camisetas e adesivos. Foi uma resposta bem humorada das mulheres que deu novo impulso para a "Campanha da Mulher na Constituinte".

"Lobby" significa atividade de pressão de um grupo organizado sobre políticos e os poderes públicos.

Durante a Constituinte, houve vários grupos lobistas formados por empresários, religiosos, militares, agronegócio, comunicação entre tantos. As mulheres não eram propriamente lobistas no sentido estrito do termo. Mas faziam pressão junto a parlamentares. Não se dirigiam apenas às deputadas constituintes mas, principalmente, aos mais conservadores a fim de mostrar a eles de que leis as mulheres mais precisavam.

As deputadas viram que eram bem desvalorizadas em geral e que precisavam ter uma atuação conjunta. Criaram a bancada feminina, pela primeira vez no Congresso Nacional.

Os dois movimentos "lobby do batom" e "bancada feminina" atuaram num movimento forte em defesa dos direitos das mulheres. A mídia fortaleceu a iniciativa e houve, sem dúvida, maior visibilidade e empoderamento das mulheres.

A então constituinte, Anna Maria Rattes comentou tanto sobre o "lobby do batom" como a respeito da "bancada feminina":

> tivemos que nos unir, enquanto mulheres, em torno de nossa causa, de nossas bandeiras, porque as estruturas tanto do parlamento como dos partidos eram – e ainda são – masculinas. Então, a gente atuou mesmo foi suprapartidariamente, somando forças, tentando superar nossa pequenez numérica (Siqueira Neto, 2018, p. 52).

6. *O momento inusitado da Constituinte: "A licença-paternidade não é uma piada!"*

A licença-paternidade foi uma das propostas das feministas para a Constituinte com o intuito de garantir a participação dos homens no processo de paternagem.

A proposta, ao ser construída coletivamente, com sindicatos, partidos políticos, feministas e as mais distintas categorias de trabalhadoras gerou um debate acalorado sobre a participação dos homens na criação e educação das crianças. Destacava-se a necessidade de os homens, os pais assumirem responsabilidade na participação do cotidiano do desenvolvimento social e emocional de seus filhos.

As feministas trouxeram, com entusiasmo, a reivindicação da creche como um "direito à educação das crianças pequenas", independentemente de serem filhas das mães ou dos pais. Ao tratarem dos direitos da criança, viram que era necessário ampliar a licença-maternidade e criar a licença-paternidade. As mães são vistas com restrições no mercado de trabalho devido à maternidade que as sobrecarrega, devido a recair sobre elas toda a responsabilidade com a criança pequena. As feministas pensaram, então, que deveriam propor condições legais para uma distribuição igualitária das tarefas de cuidar, trocar fraldas, dar banho e colocar para dormir. Estas tarefas poderiam ser compartilhadas com os pais se houvesse também licença-paternidade. Elas diziam e dizem ainda que "o filho não é só da mãe". As crianças pequenas exigem cuidados que devem ser ministrados por pais e mães. A maternidade, assim como a paternidade, são funções sociais e, para que sejam exercidas de forma eficiente, são necessárias condições igualitárias entre mães e pais considerando-se suas diferenças sexuais.

Pensando assim, as feministas propuseram aos Constituintes que os homens tivessem o direito à licença-paternidade.

De imediato, todo mundo ficou contra a proposta feminista: empresários, sindicatos, inclusive muitas trabalhadoras e, evidentemente, os constituintes. A começar pelas trabalhadoras que temiam uma demissão em massa devido à ampliação da licença-maternidade. Quanto à licença-paternidade, muitas mulheres não queriam que os homens ficassem dentro de casa depois do parto. "Os homens não fazem nada em casa e só atrapalham", elas argumentavam.

As feministas trouxeram, então, a importância pedagógica da lei. Os homens teriam que aprender a ser solidários com as mulheres, respeitar os direitos conquistados. Mas os sindicalistas achavam que os patrões iam ter mais despesas com os encargos sociais e iriam reduzir o número de empregos.

Depois de muitos encontros, seminários, debates com empresários, mulheres, sindicatos, economistas e parlamentares, chegou-se a um acordo, pelo menos por uma parte significativa de constituintes, de que tais reivindicações não aumentavam as despesas das empresas. A própria Confederação Nacional da Indústria mostrou que os custos desses direitos na Folha Salarial eram insignificantes: 0,13% para a licença-maternidade e 0,09% para a licença-paternidade. Eram direitos necessários, portanto. Com exceção da "licença-paternidade", que era totalmente fora dos hábitos e das "necessidades" da sociedade brasileira, segundo o grupo defensor dos empresários na Constituinte. Eles diziam que era simplesmente ridículo incluir isso na Constituição. Chegou um momento em que as feministas estavam com suas esperanças quase totalmente esgotadas em relação à aprovação da licença-paternidade. Estavam cansadas de tanto argumentar sobre os benefícios desse direito.

Jacqueline Pitanguy (então Presidenta do CNDM) se lembrou do quanto foi difícil apresentar a proposta aos constituintes:

> fomos duramente criticadas e até mesmo ridicularizadas por amplos setores do Congresso Nacional. Argumentavam também que estaríamos incentivando a ausência dos homens ao trabalho. Estávamos, no entanto, convencidas da relevância da licença-paternidade, como um instrumento de mudança ideológica no papel dos homens frente à paternidade. (Pitanguy, 2011, p.25)

Ocorreu um evento desagradável durante a Constituinte. O deputado Alceni Guerra (1945 -) teve que se ausentar por um tempo da Constituinte devido às complicações de saúde sofridas por sua mulher, no momento do parto.

Quando ele voltou aos trabalhos da Constituinte, estava às vésperas de ser colocada em discussão a proposta do direito à licença-paternidade. Mas quem faria isto?

Foi, então, que no dia 25 de fevereiro de 1988, o deputado, Ulysses Guimarães, presidente da Constituinte, chamou o deputado Alceni para ocupar a tribuna e fazer a defesa da emenda da licença-paternidade. Ao fazê-lo, Ulysses fez um comentário jocoso, falou sobre uma anedota do humorista Chico Anysio que dizia “o dia do pai é precisamente nove meses antes do dia da mãe”. O plenário caiu na gargalhada e alguns deles comentaram em tom de chacota: "Você já viu homem grávido?, já viu homem gestante?, Licença-paternidade é mesmo uma piada."

O constituinte Alceni começou seu discurso, em tom sério e emocionado: "Tive vergonha de apresentar a proposta, amargurado com as chacotas e risos dos colegas." Ao continuar a fazer a defesa, chorou quando falou que esteve afastado da Constituinte por um tempo. A causa foi o nascimento da sua filha e o fato de que sua esposa passou muito mal. Ela teve um choque anestésico e correu grave risco de vida. Por isso, ele ficou ao lado da filha todo o tempo até que a sua esposa se restabelecesse. Por ser ele médico pediatra, já teria assistido a várias situações semelhantes àquela que ele acabara vivenciando na própria pele. Após o ocorrido, decidiu defender a proposta. Seu discurso foi muito emocionado, muito sentido. Ele o fez em meio a lágrimas. Este clima de tanta emoção se espalhou no plenário.

Parlamentares, homens e mulheres, caíram num choro, comovidos. A votação foi de 317 a favor e 67, contrários e 28 abstenções.

Tanto na época como nos dias de hoje, quando se fala da aprovação da licença-paternidade não mencionam que foram as feministas que trouxeram, de forma pioneira, esta pauta para a constituinte. Não falam que foram as feministas que exibiam cartazes com dizeres: "O filho não é só da mãe", e que muita gente achou que era apenas uma piada.

Infograma nº. 4: Em defesa da licença-paternidade!

"Sr. Presidente, Sras. e Srs. Constituintes, confesso-me evidentemente amargurado com a chacota e com os risos. Recebi ontem, à tarde, do nobre Líder Mário Covas, algo muito semelhante. Fui pedir o apoio a S.Exa. e ele disse-me depois de uma sonora gargalhada: 'Quero vê-lo defender isso na frente de seus amigos do 'Centrão!'".!

Não estava inscrito e não queria falar, mas as colocações bem-humoradas – e as considero, Sr. Presidente, um pouquinho exageradas neste momento – que provocaram o riso desta Assembleia, me obrigaram a vir à tribuna defender uma emenda que considero da mais alta seriedade. Suas origens, Sr. Presidente, remontam à época em que eu era médico-pediatra, há 10 ou 12 anos. Frequentemente deparava-me com uma mulher que, tendo acabado de dar à luz a um filho, e estando impossibilitada de assisti-lo, não podia ter ao seu lado o marido, o companheiro, o pai da criança que, naquele momento, era muito importante para a preservação, Srs. Constituintes, da família, que considero a *cellula mater* da sociedade. (Muito bem!) Lembro-me, Sr. Presidente, de alguns casos que vou relatar. Recordo-me de uma mulher jovem, bela, negra, que, por uma infelicidade, num acidente lamentável de parto, entrou em coma. Fui companheiro e médico de seu marido, que durante vários dias transitou do meu consultório para o berçário e para a porta da UTI, e só descansou quando a mulher, já morta, foi enterrada. Alguns dias depois, a primeira consulta feita para o filho, o Pedro – dispensado da construtora, porque esteve ao lado da sua mulher – disse-me: 'Doutor, preciso agora de um pouco do seu dinheiro'. Naquele instante dei-me conta da importância do momento histórico do nascimento de um filho. Alguns meses depois, Olga, minha funcionária na Previdência Social, teve um filho e fui seu pediatra. Alguns minutos depois do parto tive de comunicar-lhe que seu filho tinha uma anomalia cardíaca incompatível com a vida. Passei a mão no telefone e liguei para o emprego de seu marido e, quase chantageando, exigi a sua presença ao lado de Olga. A criança morreu alguns dias depois, mas me tornei amigo do casal, porque havia propiciado a Olga a presença do marido numa hora angustiante. Após esse fato, tornei-me advogado das mulheres que tinham dificuldades no parto e que necessitavam da presença de seus maridos. Só sei o quanto é importante nesta hora para os demais filhos a presença daquele que junto com a mulher gerou um filho.

Confesso a V.Exas, com muita humildade, que tive vergonha de apresentar esta emenda na fase da Subcomissão, da Comissão e da Comissão de Sistematização. Mas Deus me ajudou num caso muito particular. No dia 14 de dezembro de 1987, quando nasceu minha filha Ana Sofia, para minha infelicidade, minha mulher esteve à beira da morte e depois passou 3 semanas imobilizada no leito por um acidente anestésico. Sr. Presidente, não havia no mundo naquele instante nenhuma Assembleia Nacional Constituinte, nenhum emprego, nenhum patrão, nenhuma força do mundo, nada que me tirasse do lado dela e dos meus filhos. (Palmas.) Por algumas semanas fui pai dedicado, amigo, aprendi a brincar, reaprendi a pintar, a cantar, a acompanhar meus filhos Guilherme Guerra, Pedro Guerra, Maria Pia, Ana Sofia e minha esposa. Mão na mão. Mão de marido, de pai, de companheiro, do homem responsável.

Sr. Presidente, minha emenda dispõe que a lei fixará as condições em que o homem possa ter direito a ficar 8 dias ao lado da sua esposa, dos seus filhos. Recebo com humildade a chacota e as gargalhadas, mas quero que os senhores saibam que é uma emenda séria de quem viveu durante toda a sua vida esse problema. Não poderia deixar passar esta oportunidade da Assembleia Nacional Constituinte para impor uma vontade que, tenho certeza, é de todas as mulheres e de todos os homens com inteligência neste País.

Obrigado. (Palmas.)" (Marques, 2016, pp. 106-7)

Infograma nº. 5: A licença-paternidade no mundo

Em 1994, a Organização Internacional do Trabalho (OIT) analisou 141 países em relação ao direito à licença-paternidade. Destes, 40 contavam com o direito à licença-paternidade.

O fato de se ter incorporado o direito à licença-paternidade na Constituição Federal brasileira de 1988 deu ao Brasil o status de ser o primeiro país da América Latina e Caribenha a garantir este direito fundamental.

Em 2013, um novo levantamento mostrou que de 167 países, 79 possuíam o direito social à licença - paternidade.

Na América Latina e Caribenha, em 1994, 11% dos países tinham garantido o direito à licença-paternidade. Em 2013, houve um salto para 39% nos países dessa região.

(OIT, 1994, 2013.)

7. *Os direitos trabalhistas das trabalhadoras domésticas não são os mesmos das demais trabalhadoras?*

Em 5 de outubro de 1988, a Constituição foi promulgada (publicação da lei). A igualdade jurídica de direitos entre homens e mulheres inaugurava um marco histórico. Trabalhadoras urbanas e rurais passaram a ter os mesmos direitos trabalhistas e previdenciários.

As trabalhadoras domésticas, no entanto, não tiveram a igualdade de direitos inscrita na nova Constituição. Conseguiram alguns direitos como o piso salarial, salário nunca inferior ao mínimo, férias, descanso semanal remunerado, licença-maternidade, direito à aposentadoria entre outros (CF, art. 7º, parágrafo único).

Na realidade, dos 34 direitos trabalhistas que foram conquistados, as trabalhadoras domésticas só conseguiram 9.

Somente em 2013, foi aprovado o Projeto de Emenda Constitucional (PEC das Domésticas, no. 72/2013) para igualar os direitos das trabalhadoras domésticas aos dos demais trabalhadores.

Infelizmente, a precariedade das trabalhadoras domésticas, que representam 18,8% da ocupação feminina no Brasil, aponta a distância desafiadora entre a lei e a vida: para 70% delas é negado o direito à licença-maternidade. (Marques, 2016).

Esta legislação só foi regulamentada em 2015. Como em 2016 houve a reforma trabalhista com a retirada de direitos, hoje as trabalhadoras domésticas seguem com grandes dificuldades para acessar a igualdade de direitos.

8. *Orientação sexual: não foi acolhida pela Constituição Federal de 1988!*

Na época da Constituinte (anos de 1980), não se usava, no vocabulário político dos movimentos sociais, as expressões "gênero", "identidade de gênero", "orientação sexual". Praticamente, o grupo pioneiro no uso do termo "orientação sexual", num contexto político, foi o Grupo "Triângulo Rosa".

Aliás, Triângulo Rosa foi o símbolo usado pelos nazistas para designar, nos campos de concentração, os prisioneiros homens homossexuais. No caso, o grupo mencionado aqui refere-se ao coletivo de gays do Rio de Janeiro, que defendia direitos e visibilidade para os gays. Na época, eram ainda muito mais discriminados.

O termo "orientação sexual" indica por qual sexo a pessoa sente atração, tanto pode ser por pessoa do mesmo sexo ou por pessoa de sexo diferente, ou mesmo por ambos os sexos. Contrapõe-se à "opção sexual" porque passou a se entender não se tratar de escolha do desejo sexual por determinado sexo, mas sim de algo mais complexo.

Durante os trabalhos da Constituinte, a expressão "orientação sexual" foi apresentada pelo Grupo "Triângulo Rosa" em duas subcomissões da Constituinte: Subcomissão dos Negros, Populações Indígenas, Pessoas Deficientes e Minorias e Subcomissão dos Direitos e Garantias Individuais, nos dias 29 e 30 de abril de 1987, no Congresso Nacional. O representante do grupo, João Antônio Mascarenhas (1927 - 1998), colocou que a única reivindicação que fazia o Grupo Triângulo Rosa à Constituinte é que estivesse expressa na Constituição Federal "a proibição de discriminação por orientação sexual".

O ativista, ao encerrar seu discurso, argumentou que :

> Não temos a ingenuidade de imaginar que, de um momento para outro, só o fato da inclusão, na Constituição Federal, da expressão "orientação sexual" venha fazer com que, de uma penada, a discriminação desapareça. Não, longe disso. O que queremos com isso é fazer com que o oprimido se sinta juridicamente habilitado a lutar pelo respeito dos seus direitos, nem mais nem menos. (Howes, 2003, p. 303)

A expressão "orientação sexual" não entrou na Constituição Federal de 1988. Mas passou a ser popularmente conhecida, reconhecida e usada pelos movimentos de mulheres e feministas.

Somente em maio de 2011, o Supremo Tribunal Federal (STF) reconheceu, do ponto de vista jurídico, as uniões estáveis homoafetivas, com as mesmas regras da união estável heteroafetiva.

9. *Com luta, as mulheres alcançaram direitos constitucionais que suas avós e mães jamais tiveram!*

As mulheres brasileiras, de diversas formas e a partir de diversos espaços, construíram, com outros setores da sociedade, a Constituição de 1988, chamada de a "Constituição Cidadã". As mulheres tiveram uma atuação política, coletiva, não só entre as suas próprias organizações, mas também com outros movimentos sociais, o que ressaltou o seu empoderamento e sua capacidade de articulação.

O feminismo avançou muito com as mudanças legais conquistadas, o que contribuiu para romper barreiras de preconceito e de discriminação.

Com a Constituição na mão, as feministas saíram em luta para efetivar políticas públicas que criassem condições para o exercício dos direitos conquistados. Que estes não fiquem apenas no texto constitucional: "Se a igualdade de direitos, só se encontra no papel, nossa luta é pra valer, somos metade do céu!" (versos de um samba de nossa autoria cantado no dia 8 de março de 1988, nas ruas de São Paulo).

Infograma nº. 6: Direitos das mulheres na Constituição Federal de 1988

Artigo 3º, inciso V, promover o bem de todos, sem preconceitos de origem, raça, sexo, cor, idade e quaisquer outras formas de discriminação.

Artigo 5º - Todos são iguais perante a lei, sem distinção de qualquer natureza, garantindo-se aos brasileiros e aos estrangeiros residentes no País a inviolabilidade do direito à vida, à liberdade, à igualdade, à segurança e à propriedade, nos termos seguintes:

I - homens e mulheres são iguais em direitos e obrigações, nos termos desta Constituição;

X - são invioláveis a intimidade, a vida privada, a honra e a imagem das pessoas, assegurado o direito à indenização pelo dano material ou moral decorrente de sua violação;

XIII - é livre o exercício de qualquer trabalho, ofício ou profissão, atendidas as qualificações profissionais que a lei estabelecer;

L - às presidiárias serão asseguradas condições para que possam permanecer com seus filhos durante o período de amamentação.

Artigo 6º - São direitos sociais a educação, a saúde, o trabalho, o lazer, a segurança, a previdência social, a proteção à maternidade e à infância, a assistência aos desamparados, na forma desta Constituição.

Artigo 7º - São direitos dos trabalhadores urbanos e rurais, além de outros que visem à melhoria de sua condição social:

XVIII - licença à gestante, sem prejuízo do emprego e do salário, com duração de cento e vinte dias;

XIX - licença-paternidade, nos termos fixados em lei;

XX - proteção do mercado de trabalho da mulher mediante incentivos específicos, nos termos da lei;

XXV - assistência gratuita aos filhos e dependentes desde o nascimento até seis anos de idade em creches e pré-escolas;

XXX - proibição de diferença de salários, de exercício, de funções e de critério de admissão por motivo de sexo, idade, cor ou estado civil;

Parágrafo único - São assegurados à categoria dos trabalhadores domésticos (empregadas domésticas) os direitos previstos nos incisos:

IV - salário mínimo, fixado em lei, nacionalmente unificado, capaz de atender a suas necessidades vitais básicas e às de sua família com moradia, alimentação, educação, saúde, lazer, vestuário, higiene, transporte e previdência social, com reajustes periódicos que lhe preservem o poder aquisitivo, sendo vedado sua vinculação para qualquer fim;

VI - irredutibilidade do salário, salvo o disposto em convenção ou acordo coletivo;

VIII - décimo terceiro salário, com base na remuneração integral ou no valor da aposentadoria;

XV - repouso semanal remunerado, preferencialmente aos domingos;

XVII - gozo de férias anuais remuneradas com, pelo menos, um terço a mais do que o salário normal;

XVIII - licença à gestante, sem prejuízo do emprego e salário, com a duração de cento e vinte dias;

XIX - licença-paternidade, nos termos fixados em lei;

XXI - aviso prévio proporcional ao tempo de serviço sendo no mínimo de 30 dias, nos termos da lei;

XXIV - aposentadoria.

Artigo 183, parágrafo 1º: O título de domínio e concessão de uso (do imóvel) serão conferidos ao homem ou à mulher, ou a ambos, independentemente do estado civil. (Política Urbana)

Artigo 189, parágrafo único: O título de domínio e concessão de uso (da terra e do imóvel) serão conferidos ao homem ou à mulher, ou a ambos, independentemente do estado civil, nos termos e condições previstos em lei. (Política Agrária)

Artigo 195, parágrafo 8º: O produtor, o parceiro, o meeiro e o arrendatário rurais, o garimpeiro e o pescador artesanal bem como os respectivos cônjuges, que exerçam suas atividades em regime de economia familiar, sem empregados permanentes, contribuirão para a seguridade social mediante a aplicação de uma alíquota sobre o resultado da comercialização da produção e farão jus aos benefícios nos termos da lei.

Artigo 201 - Os planos da previdência social mediante contribuição, atenderão, nos termos da lei, a:

III - proteção à maternidade, especialmente à gestante;

V - pensão por morte de assegurado, homem ou mulher, ao cônjuge ou companheiro e dependentes, obedecido o disposto no parágrafo 5º e no artigo 202;

Artigo 201, parágrafo 1º: Qualquer pessoa poderá participar dos benefícios da previdência social, mediante contribuição na forma dos planos previdenciários.

Artigo 202 - É assegurada aposentadoria, nos termos da lei, calculando-se o benefício sobre a média dos trinta e seis últimos salários de contribuição, corrigidos monetariamente mês a mês, e comprovada a regularidade dos reajustes dos salários de contribuição de modo a preservar seus valores reais e obedecidas as seguintes condições:

I - aos sessenta e cinco anos de idade para o homem, e aos sessenta, para a mulher, reduzido em cinco anos o limite de idade para os trabalhadores rurais de ambos os sexos e para os que exerçam suas atividades em regime de economia familiar, neste incluídos o produtor rural, o garimpeiro e o pescador artesanal;

II - após trinta e cinco anos de trabalho, ao homem, e, após trinta, à mulher, ou em tempo inferior, se sujeitos a trabalho sob condições especiais, que prejudiquem a saúde ou a integridade física, definidas em lei;

III - após trinta anos, ao professor, e, vinte e cinco, a professora, por efetivo exercício de função de magistério.

Parágrafo único: É facultada aposentadoria proporcional, após trinta anos de trabalho, ao homem, e, após vinte e cinco anos à mulher.

Artigo 203 - A Assistência Social será prestada a quem

dela necessitar, independentemente de contribuição à seguridade social, e tem por objetivos:

I - proteção à família, à maternidade, à infância, à adolescência e à velhice;

III - a promoção da integração ao mercado de trabalho;

Artigo 205 - A Educação, direito de todos e dever do Estado e da família, será promovida e incentivada com a colaboração da sociedade, visando ao pleno desenvolvimento da pessoa, seu preparo para o exercício da cidadania e sua qualificação para o trabalho.

Artigo 206 - O ensino será ministrado com base nos seguintes princípios:

I - igualdade de condições para o acesso e a permanência na escola;

Artigo 208 - O dever do Estado com a Educação será efetivado mediante a garantia de:

I - ensino fundamental, obrigatório e gratuito, inclusive para os que a ele não tiverem acesso na idade própria;

IV - atendimento em creche e pré-escola às crianças de zero a seis anos de idade;

Artigo 215, parágrafo 1º - O Estado protegerá as manifestações das culturas populares, indígenas e afro-brasileiras, e dos de outros grupos participantes do processo civilizatório nacioanl.

Artigo 226 - A família, base da sociedade, tem especial proteção do Estado.

Parágrafo 3º - Para efeito de proteção do Estado, é reconhecida a união estável entre o homem e a mulher como entidade familiar, devendo a lei facilitar sua conversão em casamento.

Parágrafo 4º - Entende-se, também como entidade familiar a comunidade formada por qualquer dos pais e descendentes.

Parágrafo 5º - Os direitos e os deveres referentes à sociedade conjugal serão exercidos igualmente pelo homem e pela mulher.

Parágrafo 6º - O casamento civil pode ser dissolvido pelo divórcio, após prévia separação judicial por mais de um ano nos casos expressos em lei, ou comprovada separação de fato por mais de dois anos.

Parágrafo 7º - Fundado nos princíos da dignidade da pessoa humana e da paternidade responsável, o planejamento familiar é livre decisão do casal, competindo ao Estado propiciar recursos educacionais e científicos para o exercício desse direito, vedada qualquer forma coercitiva por parte de instituições oficiais ou privadas.

Parágrafo 8º - O Estado assegurará assistência à família na pessoa de cada um dos que a integram, criando mecanismos para coibir a violência no âmbito de suas relações.

Artigo 227 - parágrafo 4º - A lei punirá severamente o abuso, a violência e a exploração sexual da criança e do adolescente.

Parágrafo 6º - Os filhos, havidos ou não da relação do casamento ou por adoção, terão os mesmos direitos e qualificações, proibidas quaisquer designações discriminatórias relativas à filiação.

Capítulo 3.

Violência contra mulheres e meninas: temos que falar sobre o assunto

"A violência não visa apenas punir o corpo, mas dobrar a consciência da pessoa violentada!"
Heleieth Saffioti

Ao escrever este capítulo, tive várias dificuldades. Como abordar um assunto complexo para um público jovem? Este foi o questionamento que me perturbou de início. Hesitei. A dúvida me perseguiu por algum tempo: escrever ou não sobre violência? Pensei melhor e me indaguei: por que não falar sobre violência contra as mulheres e meninas se a mídia diariamente publica notícias de violências em geral mas, sobretudo, violências contra mulheres? É um assunto tratado de modo tão corriqueiro, apesar de os fatos serem estarrecedores. A comoção ocorre nos primeiros momentos, mas logo depois os fatos são silenciados e esquecidos. São trocados pelos novos fatos também estarrecedores.

Não falar de um problema que existe, é latente (oculto) e, ao mesmo tempo, escancarado e tão junto de nós trazendo graves prejuízos às mulheres, às meninas e a toda sociedade, é faltar com a verdade. É faltar com o compromisso de se enfrentar a realidade e de se buscar meios para viver uma vida sem violência.

Faço parte de movimentos sociais e neles acalentamos o sonho de que, um dia, possamos viver sem violência. Achamos que um passo importante é trazer a público o debate sobre o tema. Entendemos que o diálogo, acompanhado de informações e estudos, mostra possibilidades de reduzir o problema e seus impactos negativos. Políticas públicas e serviços qualificados de orientação e atendimento podem oferecer suporte para a ruptura da dinâmica da violência e assegurar o direito à vida e à dignidade das mulheres e meninas.

Para mim, que venho do século XX, havia uma expectativa de que, em pleno século XXI, não seria mais necessário conviver com tanta violência. Mas eis que nos encontramos ainda numa sociedade muito violenta e machista.

Então, temos que falar dela, da violência contra mulheres e meninas! E compreender que a violência contra as mulheres e meninas é uma densa barreira para se alcançar uma democracia efetiva e extensiva a toda sociedade.

Oxalá, as próximas gerações protagonizem histórias de vidas cheias de esperança.

1. Violência contra mulheres: é possível viver sem ela!

"A vida só é possível reinventada."
Cecília Meireles

A violência contra as mulheres e meninas é um problema social, histórico e cultural, presente na humanidade desde suas origens. Somente, nos últimos trinta anos, no mundo ocidental, começou a ser entendida como violação dos direitos humanos das mulheres e meninas. O que significa que é dever do Estado juntamente com a sociedade efetivar ações, com respostas concretas, no enfrentamento da questão.

A violência contra as mulheres e meninas só passou a ter visibilidade, em todo o mundo, quando ações dos movimentos feministas, articuladas com as mulheres agredidas, ameaçadas e estupradas, passaram a denunciar e mostrar a situação das vítimas, com rostos machucados, braços e dentes quebrados, corpos cheios de hematomas.

A partir de então, todos os dias ou quase, nos são apresentados dados alarmantes sobre essa realidade que envolve mulheres, nos mais distintos contextos de diversidade sexual, étnica e racial, classe social, geração, dentre outros.

O uso da violência, exercida pela autoridade masculina sobre as mulheres e as meninas, se dá em relações desiguais de poder, nas quais prevalece o poder masculino sobre o controle da sexualidade e dos corpos femininos. O que as impede de exercer o direito de ir e vir, o direito de se expressar livremente, de escolher e de se ter liberdade. Fere-se sua dignidade. Há casos que chegam ao extremo de se tirar a vida de mulheres. As mortes de mulheres que se dão em circunstâncias baseadas nas relações desiguais de gênero são reconhecidas criminalmente como **feminicídios.**

Existe uma produção teórica, a partir das experiências relatadas pelas próprias vítimas, sobre a violência contra as mulheres e meninas no Brasil e no mundo, o que tem impulsionado a compreensão da questão e a construção das medidas legislativas, sociais e educativas que poderão romper com o ciclo da violência e facilitar a concretização de relações igualitárias.

O grande avanço dos direitos e da cidadania foi tratar da violência contra as mulheres, entendendo-a como questões que deveriam ter status público e político. A violência contra as mulheres e meninas deixou de ser uma questão pessoal ou privada, um problema menor. Passou a ser reconhecida como violação da cidadania e dos direitos humanos das mulheres.

A violência contra as mulheres e as meninas adquire distintas denominações conforme o tipo de relações entre as pessoas vítimas e agressoras, o local, suas formas de manifestação, dinâmicas e significados.

Violência de gênero é a definição mais abrangente. É aquela que pode se dar na relação entre homem e mulher mas também nas relações entre mulher e mulher, homem e homem, bem como entre pessoas de diversos gêneros. Pode ocorrer de diversas formas. A feminista e socióloga brasileira, Heleieth Saffioti (1934-2010), foi uma das primeiras a usar o termo **violência de gênero** no Brasil e afirmou que:

> a violência de gênero pode ser perpetrada por um homem contra outro, por uma mulher contra outra. Todavia, o vetor mais amplamente difundido da violência de gênero caminha no sentido homem contra mulher, tendo a falocracia como caldo de cultura (regime social fundamentado na dominação dos homens sobre as mulheres).(Saffioti, 2015, p.75)

A violência de gênero pode ocorrer dentro de casa, na família, no trabalho, na escola, em diversas outras instituições, na rua e espaços públicos.

A violência contra as mulheres e meninas é bem frequente nos espaços privados, na família e na casa. Por isso, também recebe o nome de **violência doméstica e/ou familiar**. Mas, pode ocorrer também fora de casa, na rua ou em outro lugar qualquer.

A **violência doméstica** pode atingir pessoas que mesmo não sendo da família, vivem parcial ou integralmente, na casa do agressor, como é o caso de empregadas(os) domésticas(os), ou parentes que vivem sob o mesmo teto do agressor, ainda que temporariamente.

A violência doméstica pode se dar no local de trabalho quando o agressor vai até o serviço de sua companheira ou ex-companheira e a ameaça ou mesmo causa-lhe a morte (feminicídio). Por exemplo, pode ocorrer em plena rua, quando a vítima tenta fugir do agressor.

A **violência doméstica e familiar contra as mulheres e meninas** é grave e pode levar suas vítimas ao adoecimento, a consequências que atingem relações sociais e afetivas das vítimas como também de toda a comunidade familiar e do seu entorno.

Desde meados da década de 1970, as mulheres brasileiras têm denunciado esta violência e exigido direitos.

O *slogan* histórico "**o pessoal é político**" tratado por Kate Millett (1934 - 2017), na obra "Sexual Politics" (1970), passa a ser utilizado para expressar a necessidade de abandonar a visão individualista e restritiva da questão da mulher, limitada às relações entre os sexos, para passar a compreendê-la como uma questão estruturante e estruturadora das relações sociais e instituições na sociedade. (Adriana Piscitelli apud Chakian, 2019, p. 148-149)

Infograma nº. 1: Linha do tempo e das conquistas

1980: SOS Mulher é criado para atender às vítimas da violência. Foi criado este serviço, com mulheres de diversas organizações feministas em São Paulo, Campinas, Belo Horizonte, Rio de Janeiro, entre outras cidades.

1983: Conselhos Estaduais e Municipais de Direitos das Mulheres são criados como espaços no Poder Executivo onde organizações de mulheres participavam para elaborar, deliberar e fiscalizar a implementação de políticas públicas para as mulheres.

1984: **Convenção sobre Eliminação de Todas as Formas de Discriminação contra Mulher (CEDAW, sigla em inglês)**, aprovada pela ONU, em 1979, e assinada com restrições pelo Brasil.

1985: **Conselho Nacional dos Direitos da Mulher (CNDM)** é criado pela primeira vez em Brasília e a primeira **Delegacia de Polícia de Defesa da Mulher** é criada em São Paulo.

1988: **Constituição Federal de 1988** prevê a igualdade entre os sexos. O artigo 5º, I, estabelece: "Homens e mulheres são iguais em direitos e deveres" e artigo 226, § 8º: "o Estado assegurará a assistência à família na pessoa de cada um dos que a integram, criando mecanismos para coibir a violência no âmbito de suas relações".

1992: **Campanha de mulheres** em diversos países latino-americanos com o slogan: "Sem as Mulheres, os Direitos não são Humanos".

1993: **Conferência Mundial de Direitos Humanos,** em Viena, reconhece que os direitos das mulheres e meninas são direitos humanos e a violência contra as mulheres passa a ser considerada violação desses direitos (artigo 18 da Declaração de Viena).

1994: **Convenção Interamericana para Prevenir, Punir e Erradicar a Violência contra as Mulheres** (conhecida como "Convenção de Belém do Pará", por ter sido aprovada em assembleia da OEA, na capital do Pará, a cidade de Belém) é assinada pelo Brasil.

1995: **Declaração e a Plataforma de Ação da IV Conferência Mundial sobre a Mulher, em Beijing (China)** é assinada pelo Brasil. Esta Plataforma reforça a necessidade de medidas punitivas ao agressor mas, principalmente, ações voltadas para a prevenção: assistência social, psicológica e jurídica à vítima e a sua família.

2001: **III Conferência Mundial contra o Racismo, a Discriminação Racial, a Xenofobia e a Intolerância Correlata,** realizada em Durban, África do Sul. O documento aprovado na Conferência é conhecido como a "Declaração de Durban". Este documento coloca necessidade da interface entre a violência de gênero e a violência racial.

2006: **Lei nº 11.340,** conhecida como a **Lei Maria da Penha** é aprovada, dispondo sobre a violência doméstica e familiar contra as mulheres.

2009: **Lei nº 12.105,** que inclui no Código Penal Brasileiro os "Crimes contra a Dignidade Sexual", com a finalidade de proteger o direito à liberdade sexual. O estupro e o atentado violento ao pudor tornam-se uma única figura penal, cuja vítima pode ser mulher ou homem.

2013: **Lei nº** 12.845 ou **Lei do Atendimento Obrigatório de Vítima de Violência Sexual** em hospitais e unidades de saúde. Estas instituições passam a ter o dever de prestar atendimento obrigatório, prioritário e integral às vítimas de violência sexual.

2015: **Lei nº** 13.104, a **Lei do Feminicídio,** que reconhece como feminicídio o homicídio de mulheres simplesmente porque são mulheres. Considera-se que há razões para caracterizar como feminicídio os casos em que há violência doméstica e familiar, menosprezo ou discriminação à condição de mulher.

2018: **Lei nº** 13.718 que trata como **crime a importunação sexual e a divulgação de cena de estupro**, sexo, nudez ou pornografia sem o consentimento da vítima.

Importunar são atos tais como: encoxar, apalpar, ejacular, beijar a força, passar a mão, fazer cantadas invasivas e qualquer outro ato de violência sexual.

2021: Lei nº 14.132, que reconhece **o crime de "stalking", o crime de perseguição,** prática conhecida como "stalking", que são tentativas de aproximação física, envio repetido de mensagens de ameaças, e-mails e aparições "repentinas" nos locais frequentados pela vítima.

2. A Lei Maria da Penha (Lei nº 11.340 de 2006)

É a lei mais importante no Brasil para acolher mulheres e meninas, vítimas da violência doméstica e familiar.

Esta lei foi aprovada depois de um longo percurso de luta feminista, passando por conselhos dos direitos das mulheres, universidades e escolas, serviços de atendimento às mulheres violentadas, entre outros.

Antes de chegar no Congresso Nacional, a proposta de lei foi debatida de forma ampla, em diversas cidades do país. Esta lei foi pré-elaborada pelos movimentos feministas e de mulheres, por profissionais do direito, saúde e educação, magistradas/os, policiais e demais profissionais dos serviços de segurança pública. Tornou-se o principal instrumento legal de enfrentamento da violência doméstica e familiar contra as mulheres, ao ser sancionada (aprovada e assinada pela Presidência da República) em 7 de agosto de 2006.

É reconhecida pela ONU como uma das três legislações mais avançadas do mundo no enfrentamento da violência contra as mulheres. A legislação considerada como a melhor do mundo é a da Espanha: "Lei da Proteção contra a Violência de Gênero" (2004). A segunda é a lei chilena, aprovada em 1994 e a terceira é a brasileira. A ideia principal da lei é caracterizar a violência doméstica e familiar como violação dos direitos humanos e garantir que o Estado e os serviços públicos sejam obrigados a acolher de forma digna as vítimas dessa violência.

A lei apresenta conceitos e princípios que mostram as diferentes formas de violência contra as mulheres com o objetivo de ser um meio legal para contribuir com mudanças políticas, jurídicas e culturais necessárias que promovam os direitos humanos das mulheres e meninas. A lei se pauta pelo princípio do atendimento multidisciplinar (nas áreas da saúde, da assistência social, segurança pública, judiciário, entre outras). A lei parte do princípio que a melhor forma de enfrentar a violência contra mulheres e meninas é a **prevenção**. A lei possui 46 artigos, distribuídos em 6 capítulos. Há ainda disposições transitórias para tratar de mudanças e/ou adaptações na lei junto ao sistema de acesso de justiça (Delegacias de Policia, Judiciário e Ministério Público).

Para que vocês possam ter um contato com algumas inovações trazidas por esta lei, destaco alguns de seus pontos.

No *artigo 2º*, do Capítulo I, das disposições transitórias é reafirmado que estão assegurados os direitos fundamentais (direitos humanos) a todas as mulheres, independentemente de classe, raça/etnia, orientação sexual, renda, cultura, nível educacional, idade, religião. Dessa forma, todas as mulheres que sofrerem violência terão preservados seus direitos à saúde física e mental e a terem o seu aperfeiçoamento moral, intelectual e social.

O *artigo 4º* se volta para garantir a preservação física e psíquica da vítima, acima de qualquer outro interesse.

Em seu *artigo 5º*, traz o conceito de que "configura a violência doméstica e familiar contra a mulher qualquer ação ou omissão **baseada no gênero** que lhe cause morte, lesão, sofrimento físico, sexual ou psicológico e dano moral e patrimonial".

Em seguida, o artigo explica em que espaços físicos, esta violência pode ocorrer:

1. **na casa**, na residência onde convivem parentes ou não, incluindo pessoas que frequentam ou são agregadas;

2. **na família**, que pode ser compreendida, como uma comunidade formada por indivíduos que são ou se consideram aparentados, unidos por laços naturais, por afinidade ou por vontade expressa;

3. **em qualquer relação íntima de afeto**, na qual o agressor conviva ou tenha convivido com a ofendida, independentemente de **coabitação** (morar na mesma casa) e de **orientação sexual** (indica por qual gênero a pessoa se sente atraída).

O *artigo 7º* da lei define as diversas formas de violência doméstica e familiar:

Violência física: violência que atinge a integridade física de mulheres e meninas, como apertar o braço, dar empurrões fortes, jogar objetos na pessoa, chutar, puxar os cabelos, bater, espancar, enforcar, cortar, queimar, usar armas contra pessoa, sejam facas ou mesmo armas de fogo.

Violência psicológica: qualquer comportamento que afete o emocional, que humilhe, que rebaixe a autoestima, inclui tentativa de controlar as vítimas e proibir a tomada de decisões sobre sua vida. Às vezes é uma violência tão sútil que se torna difícil de as vítimas perceberem. As perseguições são também violência psicológica.

Violência patrimonial: qualquer ato que destrua os pertences das vítimas, sejam documentos pessoais, rasgar ou esconder suas roupas, quebrar coisas da casa, controlar ou esconder o dinheiro das vítimas, usar o nome das vítimas para fazer compras sem sua autorização.

A **violência moral** pode se dar por calúnia, difamação ou injúria.

Calúnia: acusar injustamente a vítima de cometer um crime, por exemplo, de ter cometido roubo ou furto, ou praticado qualquer ato ilícito.

Difamação: divulgar fotos íntimas, fazer falsas acusações, humilhar em público ou na frente da família, filhas e filhos, amigas e amigos.

Injúria: ferir a dignidade da mulher com xingamentos como "burra", "inútil", "porca", "idiota".

A **violência sexual** abrange qualquer conduta que force as vítimas a presenciar, manter ou participar de relação sexual não desejada, mediante intimidação, ameaça, coação ou uso da força. Pode ser um beijo forçado, uma relação sexual forçada e não consentida, tocar nas partes íntimas sem sua autorização, impedir que as mulheres usem contraceptivo para se prevenirem de uma gravidez indesejada. O estupro é violência sexual.

Infograma nº. 2: Por que a Lei nº 11.340 de 2006 ficou conhecida como Lei Maria da Penha?

A Lei nº 11.340, sancionada em 7 de agosto de 2006, ficou conhecida como *Lei Maria da Penha*, em decorrência da história de Maria da Penha Maia Fernandes (1945 -), farmacêutica, que sofreu duas tentativas de homicídio por seu então, marido, Marco Antônio Heredia Viveros (1944 -), economista e professor universitário. Ela sobreviveu, mas ficou paraplégica. A justiça brasileira não puniu devidamente o criminoso nem tampouco ressarciu a vítima. Ela, então, recorreu à Comissão Interamericana de Direitos Humanos da Organização dos Estados Americanos (OEA), pedindo o reconhecimento da negligência (descaso) do Estado brasileiro na investigação e apuração do seu caso. O Estado brasileiro foi condenado em 2001, sendo obrigado a recompensá-la com uma indenização simbólica, efetuar a prisão do ex-marido e fazer uma lei de proteção e prevenção da violência doméstica e familiar contra as mulheres. Paralelamente à luta da Maria da Penha, os movimentos feministas lutavam de diversas maneiras no enfrentamento da violência contra as mulheres. Assim foi criada a Lei nº 11.340/2006, a conhecida Lei Maria da Penha, a terceira melhor lei do mundo no enfrentamento da violência doméstica e familiar contra as mulheres.

3. *Outras violências contra mulheres e meninas*

O tipo de violência sexual mais denunciado é o **estupro**.

O **estupro** é uma violência sexual sendo que mulheres e meninas são o alvo principal dos criminosos. Em nosso país, a cada 11 minutos, uma mulher ou menina é estuprada. De cada dez estupros, oito vítimas são meninas e mulheres e duas, meninos ou homens.

A alta frequência do estupro fez com que, no mundo ocidental, as feministas denunciassem a "cultura do estupro" que culpabiliza as mulheres que sofrem ou sofreram estupros. Isso significa que o estupro tem a ver com a política sexual, que tem sido patriarcalizada, negligenciada, camuflada e que perpassa diversos meios e ambientes (família, escola, instituições religiosas, midiáticas, programas midiáticos) de forma sutil ou explícita. Em outras palavras, o estupro está ligado à violência estrutural e não tem a ver com uma suposta natureza agressiva da sexualidade masculina. O estupro está relacionado com a construção social da masculinidade, a qual é estreitamente ligada à violência. Por isso torna-se necessário trazer ao debate a questão sobre a "cultura do estupro", de modo a estimular a criação de condições para uma socialização mais respeitosa e menos violenta entre as pessoas, inclusive no âmbito da vida sexual.

A Organização Mundial da Saúde (OMS) informa que uma em cada cinco mulheres com menos de 18 anos já foi vítima de estupro ou outra violência sexual em algum momento de sua vida.

A advogada feminista Marina Ganzarolli, estudiosa do assunto, afirma que

> discutir estupro no Brasil é inevitavelmente discutir abuso de crianças e adolescentes. Ainda que os dados não sejam precisos, estima-se que sejam cometidos meio milhão de estupros por ano, dos quais apenas 10% são notificados (IPEA, 2015). (...) Ou seja, com tamanha subnotificação, é seguro afirmar que ainda que estas estimativas sejam imprecisas, a maioria dos casos de estupro não são registrados oficialmente e, portanto, não são considerados nas estatísticas. (Ganzarolli, 2018, p. 35)

A advogada considera que um dos maiores problemas para o enfrentamento da violência sexual contra a mulher é a subnotificação que é resultado das barreiras culturais e sociais que persistem e oprimem as mulheres. Afirma ainda que:

> Existe um custo muito alto que a vítima que denuncia seu agressor tem que arcar sozinha. A revitimização, a culpabilização, as novas violências, os exames, os custos com advogada, transporte até a delegacia, audiência, saída do trabalho, a necessidade de falar sobre o assunto várias vezes e para diversas pessoas, a possibilidade de absolvição do agressor, de ser por ele processada por difamação, para citar apenas alguns. (Ganzarolli, 2018, p. 35)

4. *Violência sexual e a gravidez forçada*

Outro aspecto preocupante da violência sexual, é que pode resultar também em gravidez. No Brasil, calcula-se que, anualmente, mais de 20.000 crianças são mães, meninas entre 10 e 14 anos.

Isso significa que mais de 20.000 meninas por ano poderiam realizar o **aborto legal**. A grande maioria não tem acesso a esse direito. Nessa situação, elas têm diversos de seus direitos desconsiderados: o estupro propriamente dito, o não acesso ao aborto legal e, muito provavelmente, o direito de escolher ser mãe ou não. O direito à saúde e o direito à educação ficam totalmente descobertos. Muitas dessas meninas são submetidas à maternidade compulsória.

A Sociedade Brasileira de Medicina, de Família e Comunidade (SBMFC) faz o alerta sobre o aborto clandestino:

> e há riscos à saúde e à vida dessas meninas. O que é outra consequência dessa violência estrutural. Estima-se que, somente neste ano de 2020, 786 abortos já foram realizados ou sofridos por meninas menores de 14 anos. Sendo que 40% destes são realizados em meninas menores de 10 anos de idade.
>
> A raiz da violência contra meninas e adolescentes tem relação com o status inferior que mulheres e crianças ocupam na sociedade e normas culturais relacionadas a gênero e masculinidade, que se expressam na tolerância social, tanto da vitimização das meninas, quanto da perpetração por parte de meninos e homens. É por isso que mudanças profundas das normas sociais que naturalizam o poder masculino sobre corpos de meninas e mulheres são necessárias e urgentes para o combate à violência contra meninas e adolescentes. (Ballarotti, 2020)

Quando ocorrer uma gravidez forçada decorrente da violência sexual ou estupro, a mulher ou a menina tem direito ao aborto previsto em lei. São três tipos de aborto legal:

1) quando a vida da mãe está em risco,

2) quando a gravidez é resultado de estupro e

3) quando há má formação do feto, como no caso da anencefalia (o cérebro não se desenvolve ou não chega a se formar).

Lembramos que todas as vítimas de violência sexual devem ser atendidas nos hospitais conforme o que diz a lei do atendimento obrigatório em hospitais e unidades de saúde. Porém, em virtude do preconceito contra a mulher, a lei não é bastante para garantir o direito das mulheres ao aborto legal.

Marina Ganzarolli chama também a atenção para a vulnerabilidade das crianças e adolescentes em relação à violência sexual:

> Dentre o universo de abusos sexuais notificados, 68% são contra adolescentes menores de 17 anos e 51% contra crianças menores de 13 anos. Nestes casos diante de qualquer evidência de violência sexual, a notificação é obrigatória por lei, independentemente da vontade da família. Não são incomuns, todavia, os casos de sobreviventes adultos e adultas que recordam durante a vida madura casos de violência sexual sofridos na infância. Mesmo quando reportados a familiares ou educadora(es), a maioria dos abusos nunca foram

> devidamente notificados às autoridades competentes. A subnotificação aqui pode ser atribuída principalmente pelo fato de que os agressores são conhecidos. Nas vítimas de até 13 anos ocorre a maior prevalência: 30% foi abusada por amigos ou conhecidos da família e 24% pelo pai ou padrasto. (Atlas da Violência, 2018) Na faixa de 14 aos 17 anos, os principais abusadores são desconhecidos, representando 32% das notificações, seguidos de amigos e conhecidos da família que somam 26% do total. (Ganzarolli, 2018, p. 37)

5. *Violência sexual é também uma questão de Saúde Pública!*

Mulheres e meninas, vítimas de violência sexual, devem buscar os serviços de saúde, especializados, para evitar possíveis infecções sexualmente transmissíveis (IST) e/ou tratar de traumas físicos e psíquicos.

A relação entre violência sexual e a infecção pelo *Papillomavirus humano* (HPV) merece atenção porque este vírus tem sido o principal responsável pelo câncer anogenital (em torno do ânus e da vagina), conforme afirmação do médico ginecologista, Dr. Jeferson Drezzet.

O Ministério da Saúde (Norma Técnica, 1999) faz um alerta às mulheres e crianças, quando se encontram em situação de violência sexual, sobre a necessidade de atenção imediata para prevenir e reduzir os agravos de doenças sexualmente transmissíveis. A violência sexual pode ter como consequência a gravidez forçada. Neste caso, pode-se realizar o aborto legalmente previsto, não sendo necessária a autorização judicial ou policial.

Infograma nº. 3: Estupro de meninas

"Estupro bate recorde e maioria das vítimas são meninas de até 13 anos"

O 13ª Anuário Brasileiro de Segurança Pública registrou recorde da violência sexual. Foram 66 mil vítimas de estupro no Brasil em 2018, maior índice desde que o estudo começou a ser feito em 2007.

A maioria das vítimas (53,8%) representa meninas de até 13 anos. Conforme a estatística, apurada em microdados das secretarias de Segurança Pública de todos os estados e do Distrito Federal, quatro meninas de até 13 anos de idade são estupradas por hora no país. Ocorrem em média 180 estupros por dia no Brasil, 4,1% acima do verificado pelo anuário em 2017.

De acordo com a pesquisadora do Fórum Brasileiro de Segurança Pública, Cristina Neme, "o perfil do agressor é de uma pessoa muito próxima da vítima, muitas vezes seu familiar", como pai, avô e padrasto conforme identificado em outras edições do anuário. O fórum é o órgão responsável pela publicação.

Para a pesquisadora, a reincidência do perfil indica que "tem algo estrutural nesse fenômeno". Ela avalia que a mudança de comportamento dependerá de campanhas de educação sexual e que o dano exige mais assistência e atendimento integral a vítimas e famílias. De cada dez estupros, oito ocorrem contra meninas e mulheres e dois contra meninos e homens. A maioria das mulheres violadas são negras (50,9%). (Fórum Brasileiro de Segurança Pública, 2019)

6. Assédio sexual é um tipo de violência sexual!

O assédio sexual tem sido mais frequente contra mulheres no local ou nas relações de trabalho. Assediar significa constranger, ou seja, obrigar ou ameaçar alguém a agir contra sua vontade. Significa também "perseguição com insistência".

Aqui vamos falar do assédio sexual. É um tipo de violência pautada no preconceito contra as mulheres, na sua desvalorização enquanto profissional, cidadã e ser humano. O assédio sexual pode ocorrer em outros locais que não o do trabalho, porém o assédio sexual no trabalho é aquele sobre o qual mais ouvimos falar e é bastante complexo uma vez que envolve clientes, colegas, superiores e a empresa.

O assédio sexual compreende todas as formas de abordagem indesejada com conotação sexual e provoca desconforto a suas vítimas. São gestos, comentários, afixação de material pornográfico, insistências com conotações sexuais, entre outros. É uma forma de discriminação, de abuso de poder e, sobretudo, de violência contra as mulheres.

Algumas situações de assédio sexual ocorrem quando o chefe ou alguém que ocupa um posto de mando, ou um colega, ou mesmo um cliente adota condutas ilícitas como:

- abordar funcionárias com propostas relacionadas a sexo;

- revelar segredos e assuntos íntimos e embaraçosos sem que a vítima tenha vontade de ouvir;

- ofertar presentes de maneira insistente e indiscreta;

- tentar convencer a vítima a aceitar suas investidas por meio de chantagens afetivas, com uma generosidade suspeita ou com ameaças relativas ao emprego;

- prometer vantagens ou promoções condicionadas à aceitação de suas investidas de conotação sexual.

A maioria das mulheres não denuncia o assédio sexual com medo das ameaças, inclusive a de perda do emprego. Temem se expor ao ridículo frente a colegas e familiares. Temem ser vítimas de represálias, rebaixadas de cargo, perder uma possível carta de referência ao procurar uma nova colocação, entre outros motivos. Muitas mulheres não conseguem falar sobre o assunto e por isso se calam.

Há meios de resolver o problema. Primeiramente, deixe claro para o assediador que você não está nem um pouco interessada nas propostas dele. Converse com colegas em que você confia sobre o que está acontecendo.

Saiba também que a legislação está a favor das vítimas e criminaliza o assédio sexual (Lei nº 10.224/2001).

> A tipificação (a caracterização) da conduta de constranger alguém, com o objetivo de obter vantagem sexual, prevalecendo-se de superioridade hierárquica ou de função, passou a ser exigida a partir da consciência de que o direito a uma vida livre sem violência, assegurada pelos diplomas internacionais e garantido constitucionalmente através dos direitos fundamentais, também deveria abranger o ambiente do trabalho, do qual, cada vez mais, participam as mulheres (Chakian, 2019, p. 231.)

7. *Feminicídio*

A violência contra as mulheres e meninas, nas suas mais diversas modalidades, pode chegar ao extremo de um assassinato. Quando as mulheres são mortas em decorrência de serem subjugadas pelas desigualdades de gênero que persistem em nossa sociedade, o crime recebe o nome de **feminicídio**. No Brasil, foi criada a Lei nº 13.104, de 9 de março de 2015, conhecida como a Lei do Feminicídio. A lei é necessária para dar visibilidade ao grave problema, que coloca o Brasil como o quinto país do mundo com maior número de mortes violentas de mulheres. Chama a atenção para a necessidade de se ter políticas preventivas que impeçam a violência que pode levá-las à morte.

A lei determina que o Poder Público tome medidas para evitar as mortes violentas de mulheres e meninas. Os registros dos casos de feminicídio devem ser rigorosamente notificados para que haja formulação de políticas públicas e criação de mecanismos que acionem providências antes de o crime chegar a ser consumado, ou seja, busca-se não apenas punir, mas evitar as mortes violentas de mulheres e meninas.

Carmen Hein de Campos, advogada e doutora em ciências criminais afirma que:

> O feminicídio é a ponta do iceberg. Não podemos achar que a criminalização do feminicídio vai dar conta da complexidade do tema. Temos que trabalhar para evitar que se chegue ao feminicídio, olhar para baixo do iceberg e entender que ali há uma série de violências. (Agência Patrícia Galvão, 2015)

Ela compreende que, quando ocorre o feminicídio, é porque diversas outras providências não foram tomadas a tempo de salvar a vida ameaçada. Conclui que "Precisamos ter um olhar muito mais cuidadoso e muito mais atento para o que falhou." (Agência Patrícia Galvão, 2015)

É fundamental realizar um trabalho preventivo com campanhas, com a inclusão de estudos sobre as desigualdades de gênero e de raça/etnia nos currículos escolares. As mortes violentas de mulheres devido às desigualdades de gênero podem ser evitadas.

Em caso de ameaça de morte, torna-se necessário de imediato proteger a vítima, colocando-a em abrigos ou apoiando-a para que ela possa se afastar do agressor e ficar em segurança. Interromper o ciclo da violência de imediato e dar toda proteção às mulheres em risco de morte. "Nenhuma a menos" é a campanha em defesa da vida das mulheres.

Infograma nº. 4: Feminicídios no Brasil

Em 2019, houve 4.519 mulheres assassinadas, vítimas de feminicídio, dentre as quais 68% eram mulheres negras. As mortes violentas de mulheres dentro de casa é quase três vezes maior (2,7) do que as dos homens e 53,7% são vítimas de armas de fogo. O FBS aponta que em 2019, de 1.206 feminicídios, 88,8% dos casos, o autor do crime é o companheiro ou ex-companheiro da vítima. (Fórum Brasileiro de Segurança Pública - FBSP e Instituto de Pesquisa Econômica Aplicada, ONU Mulheres, 2019.)

8. *A questão das mulheres não brancas, indígenas e negras!*

Historicamente, devido ao processo de colonização, se desconsiderou a população indígena e negra como uma população humana com direito à dignidade. Estabeleceu-se, preconceituosamente e por diversos meios, que as mulheres não brancas, em particular as negras e as indígenas, seriam supersexualizadas, o que justificaria a prática de violência sexual e estupro contra elas e sua escravização como se fossem animais selvagens. Tal entendimento foi sedimentado, durante muito tempo, em diversas frentes, como:

- a jurídica, através de normas que permitiam escravização de povos originários e afrodescendentes, incentivavam a imigração de povos brancos, proibiam casamentos inter-raciais, limitavam o direito à educação etc.;

- a religiosa, por meio de teorias de que certos povos não possuíam alma, expansão de doutrinas catequizadoras no "novo mundo";

- a científica, articulando teorias de superioridade racial com base em características físicas, políticas eugenistas de controle de nascimentos de determinados grupos, etc.

O feminismo interseccional coloca em alerta nossa percepção para a violência contra as mulheres conforme sua raça/etnia, além da classe social e das relações desiguais de gênero. Mostra que há diversos fatores como raça/etnia, classe social, sexo/gênero, geração, orientação sexual, entre outros, que interligam opressões cujos efeitos combinados e simultâneos caracterizam novas situações de violência e opressão. Kimberlé Crenshaw (1952 -), estadunidense e feminista, argumenta que a investigação e a práxis (ações concretas) interseccionais são necessárias para abordar o problema social da violência contra as mulheres de cor (Hill Collins & Bilge, 2021). Ela chama a atenção para a necessidade de mais estudos e propostas resolutivas para a violência contra as mulheres não brancas. As mulheres indígenas denunciam a violência sexual e os feminicídios que ocorrem em seus territórios.

De fato, nos preocupa saber que no ano de 2019, no Brasil, do total de vítimas de feminicídio, 68% eram mulheres negras. O Mapa de Violência de 2015, ao comparar os dados produzidos em 2012, constatou que a violência contra as mulheres negras cresceu em 54% no período, enquanto a contra mulheres brancas diminui em 20%.

A Declaração e o Programa de Ação da Conferência Mundial contra o Racismo, ocorrida em 2001, em Durban (África do Sul), aprovou um programa de ação que precisaria ser colocado em prática para resultar em melhorias na vida de mulheres negras e indígenas.

No parágrafo 18, o Programa de Ação estabelece que os Estados devem adotar políticas públicas e impulsionem programas em favor de meninas e mulheres indígenas e junto com elas, visando promover seus direitos civis, políticos, econômicos, sociais e culturais para:

- colocar um fim à sua situação de desvantagem por razões de gênero e de etnicidade;

- lidar com os problemas urgentes que as afetam em relação à educação, à saúde física e mental, à vida econômica e em matéria de violência contra elas, incluindo a violência doméstica;

- eliminar a situação de agravada discriminação sofrida pelas meninas e mulheres indígenas calcadas em múltiplas bases de racismo e discriminação de gênero.

No parágrafo 51, há uma solicitação aos Estados para, quando estiverem trabalhando na erradicação da discriminação, incluírem as mulheres (especialmente aquelas vítimas de racismo, discriminação racial, xenofobia e intolerância correlata) nas tomadas de decisão em todos os níveis e para adotarem medidas concretas para incorporar análises sobre gênero e raça na implementação de todos os aspectos do Programa de Ação e nos planos de ação nacionais, particularmente nos programas de emprego e serviços com verbas e recursos.

No parágrafo 70, há um apelo para que os Estados reconheçam a necessidade de desenvolver um enfoque mais sistemático e coerente para avaliar e monitorar a discriminação racial contra mulheres, bem como as desvantagens, os obstáculos e as dificuldades que as mulheres enfrentam para o pleno exercício e gozo de seus direitos civis, políticos, econômicos, sociais e culturais como consequência do racismo, da discriminação racial, xenofobia e intolerância correlata.

Infograma nº. 5: Violências contra Mulheres Indígenas: Kuñangue Aty Guasu

"Entre os dias 16 a 20 de setembro de 2019, realizamos a nossa VII Grande Assembleia das Mulheres Kaiowá e Guarani, a Kuñangue Aty Guasu, realizada na terra indígena Yvy Katu Potrerito, localizada na fonteira entre o Brasil e o Paraguai, no município de Japorã-MS."

"Estiveram reunidas aproximadamente 600 pessoas nhandesys, nhanderus, crianças, Jarys/parteiras, Nhamõi e comunidade em geral."

"Durante as coletas de informações (para fazer o mapeamento) ocorreram diversas violências contra as mulheres Guarani e Kaiowá no cone sul, bem como tortura psicológica, violência física, preconceitos, humilhação, violência patrimonial, ameaças de mortes, assassinatos de lideranças femininas promovidos pelos maridos, namorados, pela equipe de capitão, pela polícia, pelas instituições públicas e pela universidade."

"Dessa forma, [é necessário] mapear e indexar um banco de dados específicos das lutas das lideranças mulheres indígenas através da tecnologia apropriada, que servirão de base para a realização dos apoios às demandas das mulheres, e sobretudo para a realização de denúncias consistentes de violências contra as mulheres indígenas."

"A violência nos fere cotidianamente, e avança com mais força. Mulheres indígenas gestantes apanham de seus companheiros e não há proteção legal efetiva a elas, nos veem como soco rupá/saco de pancada, pedimos socorro, que dentro da Lei Maria da Penha haja um parágrafo que atenda às nossas especificidades como mulheres indígenas. Em nossa aldeia, não há sinal de telefone, inclusive para comunicar o descumprimento de medidas protetivas, como iremos denunciar se as delegacias são distantes e no caminho podemos ser mortas? Isso é uma violência silenciosa que já assassinou e continua assassinando mulheres indígenas Guarani e Kaiowá."

"Há muitas violências contra as jovens e crianças indígenas, há muitos abusos sexuais, o ECA – Estatuto da Criança e Adolescente – precisa ser cumprido em defesa das crianças e adolescentes indígenas."

9. Pelo fim da violência de gênero!

Há uma grande mobilização pelo fim da violência contra as mulheres e meninas que nos traz certeza de que vamos superar essa violência (de gênero e outras). Ainda que vivamos um momento histórico de investidas conservadoras que culpabilizam as mulheres e as crianças pelas violências sofridas, em vez de enfrentar com todo o empenho as desigualdades de gênero e de raça/etnia.

Há muitas campanhas virtuais ou reais contra a violência que têm produzido resultados. São articuladas a partir de graves acontecimentos públicos de violência. Há também atitudes corajosas de mulheres que denunciam as agressões e ataques feitos por homens famosos contra elas. Isso traz impacto e grande repercussão. Como diz Marina Ganzarolli, gera efeitos reais, pois a mídia passa a ter uma atitude de empatia para com as vítimas e muitos dos envolvidos são submetidos ao afastamento, a inquéritos administrativos ou judiciais e há aqueles que são demitidos.

Ganzarolli destaca que as *hashtags* no ambiente virtual e fora dele são de grande valia:

> Campanhas sobre violência baseada no gênero que levantadas por buscas de palavra-chave como #ChegaDeFiuFiu,#MeuPrimeiroAssédio, #MeuAmigoSecreto, #AgoraéQueSãoElas, #NiUnaMenos, #MeToo são alguns exemplos que mobilizaram as redes no Brasil, na América Latina e nos EUA, abordando temas como violência e abuso sexual na infância e adolescência, feminicídio e assédio no trabalho. (Ganzarolli, 2018, p. 34-35)

Analba Brazão, feminista da AMB (Articulação de Mulheres Brasileiras), reforça a ideia da importância de eventos virtuais que "nos levam a refletir que, de uma forma ou de outra, esse também é um espaço de reflexão. O espaço da "virtualidade" é uma forma de encorajamento para compartilhar suas dores e as mulheres se reconhecerem na dor de outras, colocando publicamente o que estava guardado no espaço privado e, muitas vezes, apenas na sua experiência individual e subjetiva." (Brazão, 2016, p.78).

Existe uma rede de serviços públicos que pode ser acessada por mulheres que sofreram ou sofrem violência. São Centros de Referência da Mulher, Centros de Referência de Assistência Social (CRAS), ou Centros de Referência Especializados de Assistência Social (CREAS), Hospitais, Unidades Básicas de Saúde (UBS) ou Serviços de Atendimento à Violência Sexual.

Há também uma linha direta: ligar 180 e fazer a denúncia. A pessoa que denuncia não precisa se identificar.

Capítulo 4.
Práticas Feministas

As práticas feministas são manifestações criativas e performáticas que se apresentam nas ruas, cheias de alegria, protagonizadas por mulheres diversas. Essas ações têm muita potência e animam as pessoas que se aproximam desses desfiles públicos. São atos que dão visibilidade às razões dos feminismos. Há outras tantas ações, menos visíveis, mas nem por isso menos importantes. São oficinas, rodas de conversas, grupos de estudos, com o objetivo de trocar experiências e saberes, conhecer o pensamento de autoras feministas, produzir conhecimentos, ocupar territórios, desenvolver reflexões, avaliar como têm sido tratadas as mulheres nos serviços e nas políticas públicas, trocar informações sobre as prioridades do momento, planejar ações e estabelecer propostas.

Acho importante falar dessas práticas e dos seus impactos. Por isso senti necessidade de escrever este capítulo. O grande desafio é que os movimentos são muitos e crescem, por toda parte, em quantidade e qualidade. Acompanhar tudo o que acontece em termos de feminismos é quase impossível nos tempos atuais. São muitos os feminismos emergentes. Vou trazer algumas dessas práticas. Muitas delas estão na internet em vídeos, textos, panfletos e livros.

Atenção. Faço um alerta. Vou apresentar aqui apenas alguns exemplos, uma síntese de ações de alguns movimentos. Isto quer dizer que há necessidade de se pesquisar em outras fontes ou ir a campo para conhecer muitos outros movimentos que se deslocam e se articulam em diálogos e dinâmicas inovadoras em diversas partes do país.

No livro "Explosão Feminista" (2018), a professora Heloisa Buarque de Hollanda (1939 -) reúne várias autoras que falam sobre as manifestações feministas e seus impactos. A professora adota a expressão "quarta onda feminista". Eu não uso o termo "ondas" porque me parece um movimento de ir e voltar, um movimento "naturalizado", com o que não concordo. A expressão "ondas", no meu modo de ver, não dá ênfase ao principal aspecto dos feminismos que é sua força histórica, de resistência, capaz de surpreender e de inovar constantemente. Penso que nossos movimentos feministas vão ora em grandes mobilizações, ora se tornam dispersos, emudecidos, ora mais extrovertidos, ora mais introspectivos. Não são "ondas" mas sim um processo histórico de construção de novas forças políticas e sociais, de reflexão, estudos e ação que busca romper com paradigmas e as barreiras patriarcais.

Lembro-me que, nos anos de 1970, quando houve a retomada da insurgência do feminismo, no Brasil, chamada de segunda "onda" pela mídia, uma metalúrgica, diretora do Sindicato dos Metalúrgicos de São Paulo, Nair Goulart (1951-2016), sempre alegre e otimista dizia:

> *Ninguém vai deter os nossos feminismos. Viemos para ficar. Aqui não vai ter esse negócio de "onda", não. Aqui a gente veio para ficar e mudar. Ganhamos às ruas e não arredamos mais o pé daqui.*

Apesar de não concordar com o conceito de "onda" usado pela professora Heloisa, o seu livro é excelente tanto em informações como em suas análises. De fato, temos vivido uma explosão feminista. O livro traz manifestações vivas, ruidosas e emocionantes. Sacodem até os mais acomodados. Traz experiências e narrativas diversas que indicam que os feminismos têm muito a dizer e a fazer. Vale a pena a leitura.

Os feminismos se manifestam de diversas formas e com pluralidade de ações e temas. Suas práticas são muitas e estão distribuídas nos mais distintos grupos, movimentos, escolas e universidades, sindicatos, locais de trabalho, espaços culturais, seja no teatro, no cinema, na música e na mídia. Estão nas redes sociais e nos territórios centrais e periféricos.

No momento, os meios de participação mais usados têm sido ações virtuais, nas redes sociais, lives, videoconferências, instagrams, hashtags, blogues, podcasts.

Sabemos que as práticas presenciais são insubstituíveis. Mas as ações feministas se adaptam e se dão conforme o momento e as condições concretas das mulheres. Há práticas que ocorrem no cotidiano por meio de organiza-

ções autônomas que trabalham em defesa dos direitos das mulheres. São reuniões, oficinas e encontros, preparativos para manifestações presenciais ou virtuais, acolhimento de outras mulheres.

Há organizações efêmeras, pontuais, voltadas para um evento ou para uma intervenção inesperada. Outras são duradouras e, aqui no Brasil, nós temos organizações autônomas feministas com quase meio século de existência.

Há muitos grupos culturais que atuam inspirados nos feminismos. A atriz e cantora, negra, Larissa Luz, interpretou a cantora negra, Elza Soares (1930 - 2022) no musical que conta a sua trajetória e teve o nome de "Elza". Larissa fez a interpretação com muito talento, ousadia e dignidade. Foi um sucesso de público e de espetáculo. Sobre sua atuação artística, ela mostrou sua dedicação profissional e também de militante (praticante dos feminismos): "Me faz sentir útil dentro da luta feminista e antirracista!".

No Brasil, neste século XXI, a luta feminista interseccional (raça/etnia, classe social e gênero) está por todos os lados, seja nos palcos, nas ruas, nas telas, na internet, nas redes sociais, nas escolas e universidades, nas periferias, nas aldeias indígenas, no campo e na cidade, na literatura, na poesia, no rap e nos cordéis.

No seu livro, a professora Heloisa destaca a impressionante visibilidade das mulheres e suas diferenças, especialmente com a explosão do feminismo negro e do transfeminismo, os movimentos de maior impacto. Segundo ela, "Nenhum dos dois surgiu agora, mas foram os mais contundentes na articulação de suas demandas por reconhecimento legal e social, bem como na proposição de novos imaginários políticos." (Hollanda, 2018, p.242)

Djamila Ribeiro (mulher negra, filósofa) nos mostra o sentido de nomear a realidade a partir de senti-la e vivenciá-la, pois assim se nomeia o real. A nossa realidade deixa de ser invisível. E, por isso, as mulheres negras reivindicam "seu lugar de fala", porque assim elas poderão nomear suas necessidades sentidas nos seus corpos, na sua pele, nos seus cabelos e em toda sua forma de ser e viver.

Usamos ferramentas (teorias que nos ajudam a pensar e agir) como raça/etnia, gênero, classe social, sexualidade, orientação sexual, geracional, regional e cultural. Tudo isso tem sido encampado pela expressão: interseccionalidades. Mas reforçamos a necessidade de se garantir "o lugar de fala" (Ribeiro, 2019), "a representatividade", o que pede novos espaços e novas agendas políticas. Não são só as feministas brasileiras. Hoje, há um levante de mulheres latino-americanas e caribenhas.

As ações de caráter internacional, na região latino-americana e caribenha e também as dos grupos da Europa e as dos EUA repercutem intensamente no nosso país.

Portanto, como dizem as mulheres negras, nossa luta vem de longe, tanto do ponto de vista temporal como espacial.

Organizei os exemplos de práticas em três blocos: 1. As datas temáticas comemorativas; 2. Territórios e corpos feministas; 3. Eleições e participação das mulheres e representantes de segmentos oprimidos.

1. As datas temáticas comemorativas

Há datas especiais em que todas as mulheres organizadas ou interessadas participam com atos ou passeatas unificados. Vamos aqui elencar algumas das principais:

1a. Dia Internacional da Mulher: o dia 8 de março!

É uma data construída mundialmente por mulheres revolucionárias, estudantes, artistas e intelectuais. A data tem sua origem no início do século XX, em 1910. Naquela época, o direito do voto era a principal bandeira das mulheres em várias partes do mundo. As mulheres revolucionárias, como Alexandra Kollontai (feminista russa, 1872-1952) e Clara Zetkin (alemã, 1857-1933), entendiam que o avanço das conquistas emancipatórias das mulheres estaria vinculado ao direito do voto feminino.

Clara Zetkin propôs a criação do Dia Internacional da Mulher durante a 2ª. Conferência Internacional de Mulheres Socialistas, que ocorreu em Copenhague (Dinamarca), em 1910. É muito provável que ela tenha se inspirado nas mulheres socialistas dos Estados Unidos que, desde 1908, faziam manifestações no *Women's Day*. Era uma ação política em defesa do voto feminino.

As celebrações do *Women's Day* (Dia das Mulheres) eram realizadas em diversas cidades estadunidenses sendo que sua data se estabeleceu para o último domingo de fevereiro. Por diversas razões, houve comemorações em outras datas próximas. As manifestações ganharam força política e passaram a ser anuais.

No entanto, o que determinou a escolha de uma data unificada, o dia 8 de março, foi a manifestação de mulheres na Rússia, em 1917.

O fato é que, a partir de então, as mulheres do mundo inteiro se reúnem em passeatas, protestos e outras ações políticas, culturais e artísticas.

Nos últimos anos, nesta data, as mulheres têm proposto a "Greve Internacional de Mulheres", esta atividade tem sido convocada em mais de 50 países.

Em 2017, no Brasil, houve manifestações em defesa da Greve, em mais de 60 cidades, dentre elas, 22 capitais.

As grevistas têm feito o seguinte apelo:

> Parar por um dia as atividades de cuidado é uma forma de ressignificar o conceito de greve. Queremos dar visibilidade também ao trabalho reprodutivo não remunerado que nós mulheres desempenhamos. (Trecho da convocatória para a manifestação, assinada pelo 8M, o nome do movimento).

As manifestações acontecem em passeatas, organizadas em alas compostas por jovens, sindicalistas, mulheres negras, mulheres cadeirantes, trabalhadoras do sexo, idosas, artistas ou em alas temáticas, como saúde, sexualidade, descriminalização e legalização do aborto, grupos de enfrentamento da violência contra as mulheres, em defesa do direito ao trabalho, em condições dignas, entre outras. As mulheres andam nas ruas, como se estivessem em desfile, replicam palavras e versos, como por exemplo, "nenhuma a menos" (consigna trazida das feministas argentinas: #NiUnaMenos) ou pelo fim do feminicídio, com versos ritmados como:

> "Não queremos que haja nenhuma a menos entre nós!"
>
> "Companheiras me ajudam, que eu não quero andar só, eu sozinha ando bem, mas com você ando melhor!"
>
> "Pisa ligeiro, pisa ligeiro, quem não pode com mulher, não atiça o formigueiro!"
>
> "Direito ao nosso corpo, legalizar o aborto!
>
> "Se cuidem, se cuidem, seus machistas, a América Latina vai ser toda feminista!
>
> "Quem ama, não mata! Não humilha, não maltrata!"

I.b. Caminhada de mulheres lésbicas!

A parada gay teve sua primeira manifestação em 28 de junho de 1970, em Nova York. No ano anterior, em 1969, no *Stonewall Inn*, um bar que reunia o pessoal do segmento LGBTQIA+, houve invasão de policiais em perseguição às pessoas ali presentes. Em protesto, no ano seguinte, na mesma data, decidiram fazer a Parada do Orgulho Gay, que se estendeu para outros países, com muito sucesso. A Parada era coordenada principalmente pelos homens gays. Só mais tarde passou a ter o nome de LGBTQIA+ ou seja a palavra Lésbica veio primeiro por reivindicação das feministas. As mulheres lésbicas decidiram fazer uma manifestação, em separado, para dar visibilidade ao segmento. Assim começou a Caminhada de Mulheres Lésbicas!

No dia 28 de junho de 2020, em São Paulo, foi feita uma *live* com a leitura de um Manifesto de denúncia e protestos contra a discriminação às mulheres lésbicas e trans. Foi a 18ª caminhada de lésbicas em São Paulo. Eis o texto do Manifesto que sintetiza as suas ações e preocupações:

> *Contra a Política da Morte: Mulheres Lésbicas e Bissexuais resistem ao Fascismo e ao Racismo!*
>
> Nunca houve "normalidade" no Brasil. Vivemos em estado de exceção permanente. O período colonial passou, mas não a lógica da colonialidade.
>
> A tentativa de controle sobre os corpos e a sexualidade das mulheres é histórica, assim como sobre a existência de pessoas imigrantes, negras, trans e indígenas, alvos de violência e genocídio há séculos.
>
> Para nós, mulheres lésbicas e bissexuais, esse controle tem ainda a dimensão cruel de envolver prescrições (normas ou regras) sobre quem e como amamos.
>
> Números mostram que as chances de experimentar violações de direitos e até a morte crescem caso a pessoa seja mulher, negra, periférica, indígena, com deficiência, migrante, lésbica, bissexual, trans – aquilo que somos!
>
> Quem ousará defender que é normal que 13 mulheres sejam vítimas de feminicídios (registrados) por dia no país, das quais 8 são mulheres negras?

É normal que o Brasil ocupe há anos o pódio do ranking internacional de transfeminicídio? 80% desses assassinatos são de mulheres trans negras!

A sociedade brasileira já estava em crise antes de o coronavírus chegar no país. Não nos ofendam com o discurso do "novo normal", quando o "antigo normal" já representava uma ameaça constante às nossas vidas e, em especial, à população negra periférica e às populações indígenas.

Mas agora outras ameaças vêm à tona: o discurso de ódio tem dominado os poucos espaços de debate; no meio da pandemia, o governo e setores privados negligenciam nossas vidas e nossa saúde em favor da economia, priorizando os interesses de grandes empresários, como se não houvesse alternativas; as desigualdades de gênero sobrecarregam ainda mais as mulheres, a quem se atribuem as funções de cuidado dentro e fora de casa – mulheres que estão amplamente expostas a riscos de infecção e riscos sociais, trabalhando como médicas, enfermeiras e em tantas profissões precarizadas, mas não menos importantes, como faxineiras, cuidadoras, vendedoras; mulheres confinadas em casa têm sofrido ainda mais violência doméstica, o que inclui as violências lesbofóbicas, bifóbicas e transfóbicas.

Estamos aqui e somos resistência a um governo que, sob a fachada das formalidades, alude explicitamente a uma ruptura institucional fascista, valendo-se de um discurso religioso fundamentalista e oportunista.

Não aceitaremos a barbárie em que querem nos amarrar. Não nos calaremos! Estamos em luta e estamos unidas!

A saída para a crise histórica que atravessamos só ocorrerá com o aprofundamento da democracia real, não com sua destruição completa.

Exigimos políticas públicas para que não tenhamos que escolher entre correr o risco de infecção ao vírus e ter a certeza da fome. Temos o direito de ter direitos!

Quem deve a quem? Nós fazemos o trabalho não-remunerado, o esforço vem das nossas mãos.

Os patrões nos devem dinheiro, os bancos têm que nos pagar, o governo tem que nos garantir condições de vida digna: com saúde, educação, saneamento básico, moradia e inclusão social. Não aceitaremos mais políticas racistas e lesbobitransfóbicas.

Exigimos justiça para **Luana Barbosa** (1981-2016), lésbica negra periférica assassinada por policiais, **Dandara dos Santos** (1972-2016), brutalmente assassinada em um crime racista e transfóbico e **Marielle Franco** (1979-2018), vereadora negra, favelada, executada, deixando sua esposa Mônica Benício e sua filha Luyara Santos, por sua atuação pelos direitos humanos inclusive direitos LGBTQIA+ e tantas outras mulheres que perderam suas vidas por serem quem são, por lutarem pelas nossas vidas e pela dignidade humana.

Seguiremos juntas em defesa da vida! Fortes, quebramos a barreira do medo e da segregação! Seguiremos na resistência e no resguardo pela vida, por igualdade e por democracia!

Infograma nº. 1: LGBTQIA+

O movimento **LGBTQIA+** é a sigla usada por movimentos políticos e sociais que defendem a diversidade sexual e incluem pessoas com diversas orientações sexuais e identidades de gênero.

A LGBTQIA+ significa:

L= Lésbicas: mulheres que sentem atração afetivo-sexual por mulheres;

G= Gays: são homens que sentem atração afetivo-sexual por homens;

B= Bissexuais: pessoas que sentem atração afetivo-sexual por outras pessoas independentemente de sexo/gênero;

T= Transexuais e Travestis: são pessoas que não se identificam com o gênero atribuído em seu nascimento. Procuram ser reconhecidas por sua identidade de gênero, ou seja, por uma interpretação social e cultural do seu corpo e do seu sexo que lhes dê uma situação confortável, de segurança afetiva, emocional, sexual e social. Há mulheres trans e homens trans.

As **travestis** são incluídas na letrinha T, mas têm uma identidade de gênero feminina.

Q= Queer: assim identificadas conforme a teoria Queer, que entende que a identidade de gênero é também uma construção social. São pessoas que não se encaixam na heterocisnormatividade, que é a imposição compulsória da heterossexualidade e da cisgeneridade.

I= Intersexo: a pessoa intersexo está entre o feminino e o masculino. Suas combinações biológicas e seu desenvolvimento corporal não enquadram na norma binária: masculino ou feminino.

A= Assexual: pessoas que não sentem atração sexual.

+ = o sinal mais (+) significa que os movimentos sociais estão abertos para receberem outras pessoas que não se identificam com nenhuma dessas letrinhas.
(Fundacred, 2019)

I.C. Marcha das Mulheres Negras

As mulheres negras (pretas e pardas) brasileiras são 49 milhões, isto é, 28% da população brasileira. Vivenciam a face mais perversa do racismo e do sexismo por serem negras e mulheres. Suas lutas vêm de longe, desde os tempos de escravização do povo negro, elas resistiram de diversas maneiras.

Elas fizeram sua primeira marcha, em Brasília, no dia 18 de novembro de 2015, sob o título: "Marcha das Mulheres Negras contra o Racismo, a Violência e pelo Bem Viver!". Cerca de 50 mil mulheres negras de todos os recantos do Brasil estiveram presentes.

Passaram, então, a realizar anualmente, "A Marcha das Mulheres Negras", fruto de uma articulação de mulheres negras e do movimento negro.

Em 25 de julho de 2020, sua manifestação foi virtual, sob o título: "Nem cárcere, nem tiro, nem Covid: corpos negros vivos! Mulheres negras e indígenas! Por nós, por todas nós, pelo bem viver!".

Afirmavam: "Estamos juntas e unidas lutando por nós, por todas nós, pelo Bem Viver e contra o genocídio do povo preto, dos povos indígenas, de LGBTQIA+ e contra todas as formas de opressão."

A data marca o Dia Internacional da Mulher Negra Latino-Americana e Caribenha e o Dia Nacional da Mulher Negra, criado no Brasil em homenagem à quilombola **Teresa de Benguela** (viveu no século XVIII, no quilombo do Piolho ou do Quariterê, no Mato Grosso e teria sido assassinada por volta de 1770). O Dia Nacional da Mulher Negra ou da Tereza de Benguela foi incluído nas datas nacionais comemorativas com a edição da Lei nº 12.987/2014. O dia 25 de julho foi instituído, como Dia Internacional da Mulher Negra Latino-Americana e Caribenha, em 1992, no Primeiro Encontro de Mulheres Negras da América Latina e do Caribe.

Em 2020, foram celebrados os cinco anos da Marcha, um marco político e organizativo da luta das mulheres negras.

Em São Paulo e em diversos estados brasileiros, a Marcha das Mulheres Negras tem sido anual e sempre ocorre no dia 25 de julho. Elas demonstram a indignação, mas também a força, reafirmam a luta e a solidariedade a todas mulheres que engrossam cada vez mais o coro pelo Bem Viver.

Em 2020, em manifesto elas reivindicaram o Bem Viver, por ele resgatar as formas ancestrais de gestão do coletivo e do individual, com respeito aos nossos corpos e à natureza. Exigiram outra economia, sustentada nos princípios de solidariedade, reciprocidade, responsabilidade e integralidade.

Denunciaram que, no Brasil, a pandemia escancarou as desigualdades econômicas, sociais e raciais. A crise sanitária mostrou que o racismo estrutural impõe à população negra a maior vulnerabilidade diante da covid-19, pois é esta parcela da população que segue sem acesso aos direitos básicos de saúde, saneamento, educação e moradia, particularmente, mulheres negras, pobres e trabalhadoras informais.

Colocamos aqui trechos do Manifesto:

> Enquanto a elite e parte da classe média puderam – e continuam podendo – trabalhar de casa com seus direitos assegurados, milhares de trabalhadoras e trabalhadores negros, pobres e periféricos, que já ocupam postos de trabalhos precarizados, não puderam cuidar de sua saúde e proteger seus familiares. Crianças e jovens pobres e periféricos foram profundamente afetados pela política educacional que não levou em conta a falta de condições e equipamentos básicos para que elas pudessem continuar estudando e se formando.
>
> Nesse contexto, milhares de trabalhadoras domésticas também foram obrigadas a continuar trabalhando na casa grande moderna, sem nenhum dos seus direitos e conquistas respeitados. Nos lembramos de **Mirtes Renata**, obrigada a trabalhar durante a pandemia e levar seu filho, o menino **Miguel Otávio Santana da Silva**, de 5 anos, para a casa da **patroa Sari Corte Real**, que o abandonou no elevador, ocasionando sua morte num trágico e evitável episódio, em Recife.
>
> São as mulheres negras e pobres, trabalhadoras informais que têm sua condição agravada, pois, além de estarem nas ruas, batalhando pelo sustento da família, assumem os cuidados com a casa, as crianças, os idosos e os doentes próximos. E ainda

têm enfrentado o aumento da violência doméstica em níveis alarmantes durante a pandemia.

O autoritarismo e o racismo institucional não apenas crescem como seguem referendados pela política genocida do Estado, que investe toda sua força policial em intervenções em favelas e comunidades, matando indiscriminadamente e provocando um verdadeiro genocídio contra a população negra, principalmente a sua juventude.

Vivemos um momento em que os direitos humanos, direitos sexuais e direitos reprodutivos sofrem ataques por parte de setores conservadores em que as mulheres, trans, travestis e lésbicas têm sido os principais alvos. Potencializado pelo discurso de ódio, o número de casos de violências, agressões e feminicídios só têm aumentado.

Na saúde, o racismo institucional se revela por uma divisão desigual de acesso e tratamento dentro do sistema, resultado expresso em qualquer indicador oficial, que demonstra a maior mortalidade por covid-19 entre a população negra e periférica. Essa situação é agravada pela política negacionista deste governo, que promove o sucateamento do Sistema Único de Saúde (SUS).

(...)

Erguemos nossas vozes contra o encarceramento em massa, o capacitismo (discriminação e preconceito contra pessoas com alguma deficiência), a lesbofobia, a transfobia, a intolerância religiosa, a xenofobia (aversão a pessoas imigrantes), o etarismo (preconceito e discriminação contra pessoas idosas) e em defesa de todas as Mulheres

> Negras, onde quer que elas estejam. Resgatamos nossa aliança de parentesco com as indígenas e marchamos pela construção de um novo marco civilizatório, no qual todas as mulheres negras possam viver com dignidade, alegria e prazer.
>
> Reafirmamos nossa luta através da arte, na música, na poesia, no teatro, na dança, na moda e no cinema, reafirmando nosso compromisso com nossas artistas negras que foram o norte para toda uma geração e deixaram um legado de beleza e resistência para todas nós.
>
> Somos mulheres negras, indígenas, lésbicas, bissexuais, trans e travestis, quilombolas, ativistas e ciberativistas, jovens, idosas, estudantes, educadoras, donas de casa, militantes, artistas, desempregadas, profissionais liberais, profissionais do sexo, servidoras públicas, comunicadoras, professoras, catadoras de recicláveis, profissionais da saúde, defensoras de direitos humanos, parlamentares, jornalistas, católicas, protestantes, de terreiro, sem religião, mas com fé na força de cada uma de nós.
>
> A nossa diversidade é a nossa força! Somos feitas de luta, coragem, resistência, ousadia e afetos.

1.d: Abraço solidário às mulheres vítimas ou em situação de violência! Uma iniciativa de Promotoras Legais Populares e Coletiva Maria, Marias!

Todos os anos, por volta do dia 7 de agosto, data do aniversário da promulgação da Lei Maria da Penha, Lei nº 11.340/2006, mulheres de diversas entidades se unem para dar o "Abraço Solidário às Mulheres Vítimas e em Situação de Violência", convidadas pelo Projeto Promotoras Legais Populares (educação feminista popular em direitos) e o Projeto Maria, Marias (cursos anuais sobre a Lei Maria da Penha). A ação consiste numa concentração na rua, na região central da cidade de São Paulo, em local próximo a uma instituição de acesso à justiça, como o Tribunal de Justiça, Ministério Público, Defensoria Pública. Mulheres, vítimas de violência, dão seu depoimento e ativistas fazem propostas, apresentam performances e músicas.

As mulheres reivindicam políticas e serviços públicos para efetivar a lei. Denunciam e repudiam o desmonte das políticas e serviços públicos de acolhimento e atendimento às mulheres vítimas de violência.

O movimento reforça a necessidade de aplicação na íntegra da Lei Maria da Penha e critica os descasos, na gestão pública, com a proteção das mulheres e com a falta de acolhimento adequado às mulheres que pedem socorro para impedir espancamentos, estupros e até mesmo sua própria morte.

Segundo suas falas, elas gostariam de celebrar o aniversário da lei, com o anúncio de que as mulheres não serão mais mortas se procurarem os serviços. A perseguição, as ameaças de morte e os espancamentos serão interrompidos por meio da aplicação adequada das medidas previstas pela Lei. Mas, infelizmente, não é isso que se tem visto. Muitas mulheres procuram ajuda. A burocracia, a demora ou mesmo a falta de atendimento levam as mulheres a terem mais sofrimentos e algumas chegam a ser vítimas do feminicídio.

Trecho do manifesto lido em agosto de 2019 em frente a Prefeitura de São Paulo:

> O que vemos hoje é uma rede (de serviços de atendimento às mulheres vítimas de violência) com dificuldade de articulação, com uma equipe de profissionais submetidas a situações precarizadas de trabalho, sucateamento dos serviços, com equipamentos sem estrutura física ou de pessoal para atendimento, diminuição drástica de recursos e total negligência por parte do poder público.

Entidades participantes (no ano de 2019): União de Mulheres de São Paulo, Promotoras Legais Populares, Coletiva Maria, Marias, Sindicato dos Bancários, Observatório da Mulher, Movimento Negro Unificado (MNU), Curso de Promotoras Legais Populares do Jardim Itapuari de Santo André, Movimento de Mulheres Olga Benário, Católicas Pelo Direito de Decidir, Coordenação do Curso de Promotoras Legais Populares de São Bernardo do Campos, Instituto da Mulher Negra - Geledés, Movimento Cultural Amigas do Samba, Associação Mulheres pela Paz e Centro de Informação Mulher (CIM).

No ano de 2020, foi feita uma *live*, em parceria com o IBCCrim - Instituto Brasileiro de Ciências Criminais, com falas de ativistas e vítimas, com a leitura de mais um manifesto e com fotos de mulheres se abraçando.

I.e. Marcha das Margaridas

A Marcha das Margaridas é considerada a maior marcha de mulheres da América Latina.

É uma iniciativa de feministas, vinculadas à Confederação Nacional dos(as) Trabalhadores(as) na Agricultura

(Contag) que mobiliza mulheres do campo, das florestas e das águas.

As trabalhadoras rurais fazem essa Marcha em Brasília, no mês de agosto, a cada quatro anos. Escolheram o dia 12 de agosto para lembrar a morte da trabalhadora rural e sindicalista, Margarida Maria Alves (1933 - 1983), assassinada brutalmente por defender direitos dos trabalhadores e das trabalhadoras rurais na Paraíba.

A primeira manifestação da Marcha das Margaridas foi realizada no ano 2000. Seus lemas iniciais eram "Duas mil razões para marchar contra a Fome, a Pobreza e a Violência Sexista!".

A Marcha das Margaridas completou 20 anos em 2020. Suas manifestações são em Brasília. Mas, por conta da pandemia, fizeram uma *live* comemorativa pela Contag. Lembraram, então, que em sua primeira manifestação, havia 20 mil mulheres agricultoras, quilombolas, indígenas, pescadoras, ribeirinhas, extrativistas. Chegaram a ter 100 mil mulheres em marchas seguintes.

Na *live*, elas denunciaram que o adoecimento por covid-19 tem chegado de forma bastante forte à população do campo, das florestas e das regiões ribeirinhas.

Lembram também que, no ano de 2019, a Marcha das Margaridas contou com a participação de cem mil mulheres, foi presencial e teve como lema: "Brasil, com Soberania, Democracia, Justiça, Igualdade e Livre de Violência!". As Margaridas, como são chamadas as mulheres que integram esta Marcha, falavam uma das suas principais bandeiras "Sem Feminismo, não há Agroecologia".

I.f. 28 de setembro: Dia Latino-americano e Caribenho pela descriminalização e legalização do aborto!

O dia 28 de setembro, como uma data de luta pela descriminalização e legalização do aborto, foi escolhido por feministas brasileiras, no sentido de aludir à Lei do Ventre Livre, que foi promulgada em 28/09/1871, lei esta que dizia que as crianças nascidas das pessoas negras escravizadas estariam "livres" a partir daquela data.

A proposta foi levada ao 5º Encontro Feminista Latino-americano e Caribenho, ocorrido em novembro de 1990, em San Bernardo, Argentina. Foi aprovada e esta data foi adotada por toda nossa região como o Dia Latino-Americano e Caribenho pela descriminalização e legalização do aborto.

A partir de então, as feministas fazem manifestações de rua, durante as quais elas conversam com o público sobre o porquê lutam pela descriminalização e legalização do aborto.

O aborto se apresenta na vida das mulheres como uma necessidade. É um momento difícil e, para que a melhor decisão seja tomada, torna-se imprescindível o acolhimento responsável, no qual as mulheres sejam ouvidas e orientadas de forma adequada às suas necessidades e encaminhadas para a assistência e atenção a sua saúde, realizando o aborto seguro, sem nenhum drama ou estardalhaço. As mulheres não devem ser criminalizadas nem os médicos e médicas que realizam o aborto seguro e digno.

Para que assim seja, o aborto deve ser descriminalizado, ou seja, deixar de ser crime e legalizado o direito de fazê-lo. Trata-se de um direito inalienável e intransferível das mulheres. Isto significa que faz parte dos direitos humanos das mulheres.

O aborto, no Brasil, é permitido em três situações: quando a gravidez é resultado de estupro, em casos de risco de vida da gestante e quando há anomalia fetal, como por exemplo, fetos sem a formação do cérebro (anencéfalos).

Infograma nº.2: A legalização do aborto na Argentina!

Na Argentina, o aborto foi legalizado no dia 30 de dezembro de 2020, pelo Senado, numa votação com 38 votos a favor e 29, contrários, uma abstenção e duas ausências. Naquele dia, na Praça do Congresso, em Buenos Aires, capital argentina, uma multidão de mulheres, de todas as idades, com lenços verdes (símbolo da Campanha Nacional pela Legalização do Aborto), se abraçavam, gritavam e emocionadas comemoravam a vitória. Com a aprovação da lei que autoriza o aborto para interrupção voluntária da gravidez, a Argentina atendeu às mulheres no seu direito de interromper uma gravidez com segurança e dignidade. A senadora católica, Gladys Gonzalez, votou a favor do direito ao aborto e também comemorou a vitória. Melina Sánchez, imigrante e cientista política, moradora em Buenos Aires, comentou que a nova legislação argentina sobre o aborto oferece uma garantia de aborto seguro que, somada à articulação de movimentos feministas no país, pode ter impacto no acesso ao direito para as mulheres da região.

"A garantia do direito ao aborto para pessoas migrantes na Argentina existe graças à articulação entre o movimento feminista territorial, profissionais de saúde comprometidos com o acesso ao aborto e à rede de socorristas (são feministas que acompanham abortos)", explica Sánchez sobre a possibilidade de mulheres terem acesso ao aborto legal e seguro, mesmo que não residam na Argentina.

"A legalização do aborto poderá mudar o cenário de criminalização que atinge argentinas e imigrantes, principalmente mulheres cis, pobres, em condições de habitação precárias, com pouca instrução, sem trabalho, com um ou mais filhos, e que quando precisam enfrentar a justiça penal, têm poucos recursos materiais e simbólicos para isso", comentou Vanina Escales, coordenadora do Centro de Estudos Legais e Sociais (CELS) e uma das pesquisadoras responsáveis pelo relatório "A criminalização do aborto e outros eventos obstétricos na Argentina" (Boueri, 2020.)

Marcos Históricos da Luta pela Legalização do Aborto na Argentina!

1983: Fim da ditadura militar argentina. As mulheres pedem leis de igualdade de direitos e que incluam o direito ao aborto.

1986: Primeiro Encontro Nacional de Mulheres. Este evento passou a ser anual, em cidades diferentes do país, reunindo representantes de partidos políticos, sindicatos e movimentos sociais.

2003 e 2004: Nos Encontros Nacionais de Mulheres foram criados os lemas, símbolos que fortaleceram a "Campanha Nacional pelo Aborto Legal, Seguro e Gratuito!"

2006: A campanha elaborou um projeto de lei que foi protocolado no Parlamento.

2015 e 2016: A Campanha aderiu a outros movimentos como "Ni Una Menos" cujo objetivo é por um fim na violência de gênero, que levou milhares de mulheres às ruas. Unidos os movimentos, as manifestações foram, então, massivas.

2018: O projeto de lei protocolado em 2006, finalmente é apresentado no Parlamento. É aprovado na Câmara de Deputados mas é derrotado no Senado.

2020: O projeto de lei volta para o Senado e é, finalmente, aprovado, no dia 30 de dezembro de 2020.

(Souza, 2021.)

1.f. Dia Internacional de Luta de Enfrentamento à Violência contra as Mulheres: 25 de novembro!

Esta data foi escolhida, no 1º Encontro Feminista Latino-americano e Caribenho, em 1981, realizado em Bogotá, na Colômbia. A data escolhida em memória das irmãs Mirabal (Pátria, Minerva e Maria Tereza), dominicanas, que ficaram conhecidas como "Las Mariposas", se opuseram à ditadura de Rafael Leónidas Trujilo e, por isso, foram assassinadas em 25 de novembro de 1960, na República Dominicana.

Em 1999, a Assembleia Geral das Nações Unidas declarou que 25 de novembro é o Dia Internacional da Eliminação da Violência contra a Mulher.

É uma data promovida no mundo inteiro por entidades governamentais e pelos movimentos feministas.

As ativistas denunciam os feminicídios, colocam o microfone para que as mulheres vítimas deem seus testemunhos sobre a violência sofrida, colocam faixas com dizeres pelo fim da violência, realizam performances, apresentam músicas e teatros, distribuem panfletos e guia de serviços disponíveis para o acolhimento das vítimas. Reivindicam melhorias nas políticas e serviços públicos de atendimento.

A partir de 1991, as mulheres realizam 16 dias de ativismo pelo fim da violência contra as mulheres, com início no dia 25 de novembro – Dia Internacional de Luta pelo Fim da Violência contra as Mulheres – até o dia 10 de dezembro – Dia Internacional dos Direitos Humanos.

No Brasil, a partir de 2003, passou-se a realizar 21 dias de ativismo pelo fim da violência contra as mulheres, com início em 20 de novembro – Dia Nacional da Consciência Negra até o dia 10 de dezembro. Mais duas datas durante esse período, são lembradas: 1° de dezembro: Dia Mundial de luta contra a Aids e dia 6 de dezembro: Dia de Mobilização dos Homens pelo Fim da Violência contra as Mulheres.

2. *Territórios e corpos feministas*

Os feminismos realizam suas práticas e ações em locais diversos. Qualquer lugar pode acolher ou ser palco para as criações e práticas feministas. Nos diversos territórios, nas favelas, comunidades, periferias, escolas, universidades, locais de trabalho e de lazer, sindicatos, em frente às instituições públicas, ruas, parques, praças e outros as mulheres se reúnem e se propõem a realizar atividades conjuntas.

As práticas feministas desenham e constroem estruturas, dinâmicas e projeções de suas organizações com propostas, diálogos e mobilizações.

Algumas práticas fazem parte do cotidiano dos feminismos. Podem ser de caráter permanente ou pontuais. Representam aspirações, anseios e necessidades das mulheres em busca de solidariedade, potência e afeto.

As práticas feministas têm como objetivos trocar vivências e saberes entre as mulheres; formular, encaminhar e efetivar políticas públicas para melhorar ou possibilitar condições de vida e de trabalho das mulheres para o exercício de direitos iguais e equitativos. Neste caso, os grupos de mulheres se organizam por temas tais como: violência de gênero, saúde reprodutiva e sexual, empoderamento e política, direito ao trabalho, questões de gênero e étnico-racial, maternidade e encarceramento de mulheres, infância e gênero, entre outros.

2.a. Promotoras Legais Populares

É uma proposta de educação popular feminista em direitos humanos das mulheres. Em São Paulo, existe desde 1994, promovido pela União de Mulheres de São Paulo (organização feminista, autônoma, de mulheres, criada em 1981). No Rio Grande do Sul, começou em 1993, pelo Grupo Thêmis, organização autônoma, feminista, localizada, em Porto Alegre (RS). Há diversas outras organizações feministas que desenvolvem o Projeto de Promotoras Legais Populares, em muitos estados e municípios brasileiros. Recentemente, foi criada a Rede Nacional de Promotoras Legais Populares. É um projeto muito abrangente que reúne mulheres diversas, inclusive trabalhadoras do sexo, mulheres trans e travestis. Em Campinas, este projeto é desenvolvido na Penitenciária Feminina, com as mulheres encarceradas.

Por meio desse trabalho de formação, procura-se trazer para o debate os diversos feminismos e seus desdobramentos em ações de defesa da igualdade de direitos, da justiça social e contra todas as opressões. Propicia uma dinâmica de encontros temáticos, debates, visitas em serviços públicos e ongs, que atendem as mulheres em suas diversas demandas. Tudo isso se dá num espaço de trocas, de diálogos, rodas de conversa onde todas aprendem e ensinam.

2.b. A periferia: substantivo feminino: um território ocupado por mulheres!

Sulamita Assunção usou, em sua dissertação de mestrado, nas Ciências Sociais da PUC/SP, em 2018, o termo: "**quebradas feministas**" com o significado de estratégias de resistência nas vozes das mulheres negras e lésbicas da periferia sul da cidade de São Paulo. Ela se referiu a todas as mulheres das periferias, um território ocupado também por negras e sapatonas que, segundo ela, é "um terreno fértil repleto de potência e vida". (Assunção, 2018, p. 5)

A periferia, por ser afastada do centro e ocupada por uma população pobre, não-branca e em condições precárias, tem pouca visibilidade política. Quase não se imaginam mulheres feministas, organizadas, nessas "quebradas". No entanto, são diversos grupos de mulheres e de feministas localizados nesses territórios. Ali, elas realizam ações de expressão artística, organizadas por mulheres lésbicas ou não, negras, não-brancas e brancas. São grupos de teatro, de poesia que se reúnem em saraus, oficinas e em intervenções de protestos. Esses grupos estão localizados nas capitais, nas comunidades e periferias. No momento, esses grupos têm realizado atividades de sobrevivência para os moradores desempregados e sem ter o que comer. Recebem doações e distribuem cestas básicas ou marmitas, roupas, absorventes para serem usados no período menstrual, kit de higienização, máscaras, entre outros objetos necessários.

Um desses grupos é o "Fala Guerreira", que fica na região sul da cidade de São Paulo, que promove a produção de materiais impressos, audiovisuais, festas, manifestações nas ruas periféricas, ações de afeto e potência. Denunciam as violências e as opressões.

As mulheres da periferia, com seus megafones, vão às ruas para ler poesias, manifestos, para chamar outras mulheres para virem para luta. Uma dessas manifestações se deu em defesa da vida das mulheres periféricas, na zona sul da cidade de São Paulo. Eis alguns trechos do manifesto:

> Não aos locatários de imóveis que se valem da quantidade de filhos que a mulher possui para dificultar ou impossibilitar sua entrada.
> Não ao abismo salarial que atinge ainda mais as mulheres negras e pobres.
> Não à violação dos nossos corpos. Não aos inúmeros abusos sexuais cometidos.
> Não à agressão física e psicológica exercida por companheiros, travestidos por um suposto discurso de amor.

Elas pintam painéis nos muros, elas fazem passeatas com velas (acesas) para denunciar o feminicídio e o assassinato de jovens da periferia.

As mulheres podem se ajuntar para um slam (recital de poesias originais) para reverenciar outras mulheres. Em círculos, as mulheres fazem massagens, dançam, cantam e apresentam poesias.

Fazem atividades para reunir a comunidade com almoço. Ajuntam as mulheres, suas crianças, companheiros e/ou companheiras para almoçar e também acompanhar apresentações de música e de danças populares. Outras mulheres fazem atividades culturais para arrecadar finanças, como por exemplo, "Frango com Polenta e Política", promovido pela Associação de PLPs "Cida da Terra", na cidade de Campinas (SP), uma organização autônoma feminista.

2.c. Universidade, lugar de luta feminista!

Nas Universidades, mulheres jovens organizam-se em grupos de estudos e pesquisas sobre questões feministas, étnico-raciais, de gênero. Algumas **coletivas feministas**, articuladas nas universidades, fazem seminários, apresentação de filmes seguidos de debates, realizam ações de reflexão e de denúncias. Tais estudos confirmam o acolhimento de novos conteúdos e novas metodologias nos estudos acadêmicos.

A professora Tatiana Roque da Universidade Federal do Rio de Janeiro teve sua fala publicada no "Explosão Feminista":

> A incorporação das mulheres na academia vai trazer uma mudança. Porque critérios de rigor, da legitimação, da cientificidade do pensamento ocidental foram construídos numa sociedade patriarcal, machista, majoritariamente por homens, brancos, europeus, em cima de conceitos euro-

> cêntricos. Então, é claro que você trazer outros atores para o centro dessa cena de produção do conhecimento muda o próprio conhecimento. Sem dúvida. Na história, por exemplo, foi uma mudança muito abrupta. Em todas as correntes atuais se faz uma revisão da escrita eurocêntrica da história. (Hollanda, 2018, p. 227)

A denúncia mais frequente feita por estudantes das Universidades tem sido a violência de gênero e violência sexual. Houve a Comissão Parlamentar de Inquérito (CPI) na Assembleia Legislativa do Estado de São Paulo, em 2015, para investigar denúncias de violência no meio universitário. Em diversas universidades, há uma série de campanhas e comissões para atender e orientar as vítimas de violência de gênero e violência sexual.

2.d. Oficinas de conhecimento do corpo, da sexualidade e do racismo!

As oficinas aqui são consideradas atividades com mulheres, que se reúnem numa roda de conversa e trocam ideias, realizam estudos, discutem sobre a vida, o corpo e a sexualidade. É um espaço de troca de saberes e produção de conhecimentos.

Há oficinas nas quais o assunto é o corpo e/ou a sexualidade. Fala-se sobre a vulva, a vagina, o clitóris e seus diversos nomes. É comum, nas oficinas, comentar sobre o porquê a palavra “buceta” traz ainda nos dias de hoje conotação de palavrão, de palavra suja. Por isso, as mulheres, na oficina, fazem questão de dizer a palavra “buceta” e não associá-la a um palavrão, a um nome sujo, feio. É uma forma de dignificar o corpo feminino. É importante reconhecer e respeitar o corpo, suas partes mais sensíveis, falar de sua sexualidade. São experiências que trazem o empoderamento (fortalecimento) e elevação da autoestima das participantes.

Essas oficinas são mais intimistas e, às vezes, se dão com a participação de profissionais como médicas feministas, psicólogas entre outras. São desenvolvidas em grupos feministas, autônomos, localizados tanto no centro como nas periferias.

3. *Eleições e participação das mulheres e representantes de segmentos oprimidos*

As mulheres, desde as décadas de 1960 e 1970, reivindicam sistematicamente o direito de decidir, o direito de opinar, o direito de expressão, que são direitos políticos. Reivindicam o direito à participação política, pautada na igualdade de gênero/sexualidade e de raça/etnia, nas instâncias de poder, como no parlamento e no executivo.

Enfrentam, no entanto, inúmeros obstáculos, como a discriminação histórica contra as mulheres, contra as negras, indígenas, mulheres trans (e homens trans também), mulheres quilombolas e de outras etnias não brancas.

Outro obstáculo que se coloca contra a participação das mulheres diz respeito à divisão sexual do trabalho que as sobrecarrega, com mais horas dedicadas ao trabalho de cuidados diversos, no âmbito doméstico. As mulheres, por conta disso, ficam restritas, por mais tempo, ao espaço privado. Fazer política exige ocupar os espaços públicos.

Mas, cada vez mais, as mulheres precisam e querem ser protagonistas de suas próprias vidas, de sua história, o que as faz sentir "sujeitas" históricas e políticas, capazes de reforçar as lutas de tantas e tantas mulheres por este país afora. Sentem cada vez mais a necessidade de serem reconhecidas como pertencentes à sociedade democrática. Isso se passa não só com as mulheres mas também com os mais diversos segmentos oprimidos. Por isso, há a insurgência de segmentos e grupos historicamente oprimidos, que procuram na política uma participação ativa. O que ficou bem explícito nas eleições municipais de 2020, tanto para as prefeituras como para a vereança. Mulheres negras, indígenas, quilombolas, mulheres trans enfrentaram a disputa eleitoral, concorrendo com homens brancos, heterossexuais que, tradicionalmente, têm ocupado estes espaços.

Para ampliar e potencializar sua participação política, mulheres pobres, negras, ativistas têm criado articulações para ocuparem espaços de poder no parlamento, principalmente. É uma experiência que se intensifica depois do assassinato de Marielle Franco (1979-2018), no dia 14 de março de 2018. A vereadora negra foi executada no centro do Rio de Janeiro. Ela era ativista de direitos humanos. Denunciou os milicianos e as violações de direitos humanos ocorridas nas comunidades. Denunciou e lutou contra o racismo e o sexismo. Defendia os movimentos sociais, em particular os LGBTQIA+. Ela foi eleita vereadora da cidade do Rio de Janeiro, em 2017, colocada entre as mais votadas (5º lugar). No blog #AgoraÉQueSãoElas, ela escreveu:

> A disputa política é um grande desafio, principalmente para nós mulheres. A lógica machista nos persegue a todo o tempo e a sentimos com intensidade, principalmente quando decidimos ocupar um espaço na institucionalidade política. E os reflexos disso são corriqueiros no cotidiano das nossas campanhas eleitorais, sejam feministas ou não. Imprimir a imagem do nosso rosto em um panfleto é quase um convite ao assédio, que vai desde pedidos de casamento até propostas da troca do voto por um beijo. Tudo com muito humor e sorrisos escancarados, como boa parte da estética do machismo que, na maioria das vezes, acaba em violência, psicológica ou física, contra a mulher, e alimenta a cultura do estupro. (Hollanda, 2018, p. 65.)

A partir de sua morte, as mulheres começam a articular experiências de candidaturas coletivas para as câmaras municipais. São diversos os exemplos: o *Juntas*, em Pernambuco; a *Gabinetona*, em Minas Gerais; o *Negras Vozes* e o *Juntas do MTST* (Movimento dos Trabalhadores Sem Teto), ambos na capital paulista; e o *Pretas* por Salvador, na Bahia, *Mulheres Negras Decidem*, no Rio de Janeiro, são alguns desses grupos. Estas mulheres têm agido da seguinte forma: uma candidata assume oficialmente a vaga perante a Justiça Eleitoral, mas as decisões e as ações são tomadas e realizadas de forma conjunta. Esperam assim acumular as lutas, ter uma presença significativa de mulheres negras no parlamento, com projetos coletivos e inclusivos.

Teresa Sacchet, professora do programa de pós-graduação do Núcleo de Estudos Interdisciplinares sobre a Mulher (Neim) da Universidade Federal da Bahia comenta sobre a necessidade de se ter mulheres nos espaços de poder e das dificuldades encontradas:

> Eu não acredito que a mulher é melhor ou pior ou que o homem é melhor ou pior na política. Só que quando você tem grupos que não estão representados na política significa que essa democracia não está perfeita. Não está nem perto disso. As instituições, as regras, estão bloqueando essa entrada das mulheres de alguma forma. Não há um favorecimento para as mulheres na política. Essa é a perda. Isso demonstra que as instituições não estão funcionando bem se as mulheres não estão entrando. E isso vale tanto para nível local quanto para nível nacional.
>
> A maior parte das mulheres eleitas ainda é branca. Mesmo em estados como a Bahia, quase 70% das eleitas são brancas, sendo que 82% da população é negra.
>
> O Brasil tem uma governadora eleita (Rio Grande do Norte) e há 26 estados. O percentual de mulheres na prefeitura é 10%, muito baixo. É o pior país da América Latina, não estou comparando com os países nórdicos. A América Latina está discutindo paridade [de gênero], e a gente está salvando a cota de 30% e olhe lá.
>
> Só uma a cada dez candidaturas a prefeito é de mulher. Nenhum partido lança mais candidatas mulheres do que de homens. (Caesar, 2020.)

As pré-candidatas a vereadoras, mulheres negras e indígenas nascem nos ou procuram os movimentos feministas para ter apoio e se empoderarem para ocuparem os espaços no parlamento.

Suas campanhas são populares, antirracistas, antissexistas. As coletivas (como são chamados os grupos) estão distribuídas pelo Brasil. É uma situação bem recente, conhecida também como "primavera feminista na política" e que já traz alguns resultados práticos em que mulheres, ao enegrecer a política, incomodam os políticos tradicionais.

Talíria Petrone Soares (1985 -), mulher negra, professora, política, ativista brasileira, exerceu o mandato de vereadora pelo Partido Socialismo e Liberdade - PSOL, na Câmara Municipal de Niterói, tendo sido a mais votada em 2016. Foi eleita deputada federal pelo mesmo partido nas eleições de 2018. Ela fala sobre seu primeiro mandato na Câmara de Vereadores:

> Deu para sentir como seria a vida na Câmara logo na primeira reunião com os outros vinte vereadores, todos homens. Com um vestido vermelho e um turbante colorido na cabeça, de cara me vi em absoluto contraste com aquele ambiente cinza e masculino. Se minha imagem e identidade pareciam estranhas àquele espaço, imagine as ideias com as quais nosso mandato foi eleito o mais votado da cidade. A primeira coisa que escutei foi: "Vamos parar de falar disso, agora temos aqui uma donzela. [...]
> [...] Na primeira sessão de plenário em que participei, afirmei que a Câmara é um espaço que está longe de expressar as vontades populares. Por expressar minha opinião, provei da reação de alguém que não admite a presença de mulheres na

> política, muito menos de mulheres que falam o que pensam. "Estou na política desde antes de você nascer", disse um deles. (Petrone, 2017)

As mulheres negras representam um quarto da população brasileira. Ocupam 3% das cadeiras no parlamento. Nas eleições municipais de 2016, apenas 32 mulheres negras foram eleitas. Estão com o mandato 31 negras, após o assassinato de Marielle Franco, em 14 de março de 2018.

O Mapa Mulheres na Política 2019 apresentou um relatório da Organização das Nações Unidas e da União Interparlamentar, no ranking de representatividade feminina no Parlamento, o Brasil ocupa a posição 134 de 193 países pesquisados, com 15% de participação de mulheres.

Pouco mais da metade das candidaturas ao Executivo municipal em 2020 foram de homens brancos (55%). Ao todo, mulheres representaram apenas 13,05% do total, e negras, 4,5%.

Em outubro de 2020, a ONU Mulheres/Brasil, em parceria com a União Europeia, lançou a Campanha #ViolênciaNão Pelos Direitos Políticos das Mulheres.

Ao fazerem uma avaliação do resultado eleitoral de 2020, concluíram que os obstáculos que impedem a participação dos segmentos oprimidos persistem.

No entanto, o Tribunal Superior Eleitoral (TSE) apontou dados que mostram que houve uma maior participação de candidaturas negras. A Corte Eleitoral apontou que mais da metade dos candidatos (50,04%) que concorreram às eleições de 2020 se declararam pardos ou pretos.

Entretanto, o número de eleitos ainda é baixo. Os candidatos pretos ou pardos eram 25.960 mas apenas 10% venceram as eleições.

As mulheres registradas como candidatas em 2020 eram 9.196. Foram eleitas 16%.

As mulheres negras compõem o maior grupo populacional, 28%, de acordo com o Instituto Brasileiro de Geografia e Estatística (IBGE). Mas são as menos representadas nas instâncias políticas. Das mulheres negras candidatas ao executivo ou ao legislativo, 8% foram eleitas nas eleições municipais de 2020. Enquanto os homens pretos ou pardos tiveram 9,2% dos candidatos eleitos. Sem dúvida, os mais votados para ocupar o cargo máximo nas prefeituras foram os homens brancos, com 19,2% eleitos. Seguidos pelas mulheres brancas: 16,9% do total de candidatas ao cargo de prefeitas.

Das 2.177 candidaturas indígenas, 159 (representantes de 47 povos) foram vencedoras nas urnas, em 2020. Isso significa um aumento de 27% em relação às eleições de 2012. (@campanha indígena, consulta feita em 29/06/2021)

Um dado bastante positivo é que cresceram as candidaturas das pessoas trans. Pela primeira vez, puderam ter o nome social registrado como candidatas. Em 2020, trinta pessoas trans foram eleitas, o que corresponde a 10,2% das candidaturas trans.

A Associação Nacional de Travestis e Transexuais (ANTRA) constata um crescimento de 226% de candidaturas trans (mulheres transexuais, homens transexuais e travestis) em relação às eleições municipais de 2016. Ao todo foram 249 candidaturas sendo que 30 foram eleitas.

O jornal digital "Brasil de Fato", de 19/11/2020, na reportagem: "Eleição 2020 marca ascensão da diversidade na vida política do país" ressalta a força da representatividade nas urnas com a votação de transexuais, mulheres negras, indígenas e quilombolas (Vilela, 2020).

Capítulo 5.

História de mulheres e suas contribuições

Este capítulo é necessário pois oferece às leitoras e aos leitores histórias de mulheres que contribuíram efetivamente na construção da História do Brasil, embora nem sempre reconhecidas. Aliás, elas têm sido quase sempre esquecidas. Escolhi, a título de ilustração, fazer uma ***pequena biografia de 15 mulheres brasileiras*** *que participaram de momentos de luta com criatividade, energia e protagonismo. Com suas experiências ousadas, marcaram também a vida de outras mulheres e trouxeram mudanças à sociedade. Construíram de forma significativa os marcos dos feminismos no Brasil, ainda que muitas delas não usassem o termo "feminismo".*

Na História, há um apagamento da participação e das intervenções políticas de mulheres que mudaram o rumo dos acontecimentos. O projeto de reconstruir a História do Brasil para incluir as mulheres e suas ações e iniciativas que causaram impactos deve ser levado adiante para que todas as demais se apropriem de sua história e se empoderem de fato.

Feministas no mundo inteiro reclamavam e reclamam sobre a necessidade de reconstruir a história da humanidade incluindo os feitos das mulheres. Uma delas, Michelle Perrot (1928 -), historiadora francesa, incentivou o estudo da disciplina "História das Mulheres", na década de 1970, com adesão de historiadoras e pesquisadoras de várias partes do mundo. Outra estudiosa que se preocupou com a ausência das mulheres na história foi a austríaca, naturalizada estadunidense, Gerda Lerner (1920 - 2013) que escreveu o livro clássico: "A Criação do Patriarcado", em 1986 e, publicado no Brasil somente em 2019. Aliás, ela criou um curso de pós-graduação em "História das Mulheres", na Universidade Sarah Lawrence em Nova York nos anos de 1979.

Conhecer a História das Mulheres favorece a emancipação da humanidade. Conhecer a sua própria história é um passo emancipatório decisivo, uma vez que as mulheres são metade da população. Isso facilita a mudança da vida das mulheres e da humanidade.

Segundo observações de Gerda Lerner, conhecer a História das Mulheres muda também a vida dos homens. Eles aprendem que as mulheres podem ser aliadas e não inimigas. Aprendem que a ideia de "sexo oposto" foi criada pelo patriarcado e não por feministas. As mulheres não são o sexo oposto. Oposto a quê?

Os feminismos brasileiros de hoje têm suas raízes em lutas anteriormente travadas consciente ou inconscientemente por mulheres intelectualizadas ou por grupos de mulheres de origem popular. Entre essas últimas estão as mulheres negras nos quilombos que sempre lutaram em defesa de seu território; as mulheres indígenas e ribeirinhas nas lutas pela sobrevivência de seus povos; as mulheres trabalhadoras inseridas no mercado de trabalho que fizeram greves para que suas crianças tivessem direito a creche e ao aleitamento materno e que lutaram contra o assédio moral e sexual nos locais de trabalho e por tantos outros direitos que se estenderam para todas as categorias. As mulheres também lutaram pelo reconhecimento dos direitos das trabalhadoras domésticas e rurais. Tantas outras lutam ainda hoje pelos direitos à terra, à moradia e à participação política, com autonomia e condições dignas. Lutaram e ainda lutam por democracia em casa e nas ruas. Mulheres negras demonstraram e demonstram todos os dias a necessidade de se dar centralidade às questões étnico-raciais e às experiências históricas das negras, indígenas, imigrantes e tantas outras.

As mulheres pretas e indígenas, quando evocam suas ancestralidades, reafirmam seu legado histórico. A professora, Jaqueline Gomes de Jesus, faz um alerta sobre as dificuldades de recompor as histórias dessas mulheres:

> *No Brasil, as mulheres, principalmente, as negras, nem sempre puderam falar, escrever e quanto mais publicar sobre si mesmas. Tampouco tiveram suas vozes plenamente respeitadas por aqueles que delas falaram, escreveram e publicaram, em geral homens brancos. (Arraes, 2017, p. 10)*

Foram poucas as mulheres não-negras ou mesmo brancas que foram reconhecidas pela narrativa da História. E quando foram narradas, muitas delas são descritas como "loucas", "histéricas", "ridículas" e "desajustadas".

Quem já ouviu falar de Elisa Branco (1912 – 2001)? Em 1950, Elisa foi condenada a quatro anos de prisão, por ter levantado uma faixa durante as comemorações do 7 de setembro, no Anhangabaú, no centro de São Paulo. Os dizeres da faixa: "Nossos filhos não irão para a guerra da Coreia". Elisa protestou contra o envio de jovens brasileiros para lutar naquele país. Na ocasião, ela representou as vozes silenciadas de milhares de mães e outras pessoas contrárias à guerra. Por seu ato de protesto, ela foi condenada e ficou presa por quase dois anos. Mas o governo não enviou os soldados brasileiros para a guerra.

A intervenção de Elisa foi uma importante contribuição para a mudança da postura política do governo brasileiro. Temos que lembrar da Elisa Branco, uma mulher esquecida injustamente pela história, pelo seu grande feito e coragem em defesa da paz e da vida da juventude (Teles, 2017, p. 56). *Mulheres como Elisa Branco precisariam ter suas biografias inscritas na História do Brasil.*

Não a coloquei na lista das 15 mulheres trazidas para este capítulo. Embora ela merecesse muito. Outras tantas também mereciam estar no capítulo. Mas infelizmente não estão. Felizmente são muitas as mulheres que efetivamente contribuíram para a sociedade brasileira e, a partir dos nomes abaixo, tenho certeza de que as leitoras e os leitores sairão inspirados para fazerem suas próprias pesquisas. Ao fazer minha pesquisa sobre as mulheres que apresento, me deparei com tantas outras, inovadoras e geniais, e foi a contragosto que tive de me contentar com quinze.

Escolhi as que aparecem a partir do século XIX, século da insurgência dos feminismos no mundo ocidental. Tive que me controlar para não colocar mais mulheres, pois há inúmeras e suas histórias são fantásticas. Sofri muito por não colocar a indígena pioneira na escrita e na defesa das crianças e mulheres, a Madalena Caramuru, que em 1561 escreveu uma carta à Corte Portuguesa reclamando sobre os maus tratos das crianças, filhas de mães e pais escravizados e pedindo autorização para que as mulheres indígenas e outras aprendessem a ler e escrever. O que só vai ser permitido em 1827.

Qualquer critério de escolha é injusto. Então, tomei a difícil decisão de começar pelo século XIX e adotar a ordem cronológica. É evidente que me vi acompanhada de sentimentos contraditórios. Tanta dificuldade para escolher me deixou triste e, ao mesmo tempo, alegre. Triste porque não cabem muitas dessas mulheres neste capítulo e alegre porque são muitas as mulheres que hoje têm sido reverenciadas na nossa história, seja por escritoras, historiadoras, artistas e demais pesquisadoras. Todas elas fizeram a História e continuam a fazê-la.

Com esta pequena contribuição, busco preservar e honrar a memória de todas as mulheres que nos antecederam com suas lutas, suas esperanças, mas principalmente com a sua teimosia, rebeldia e resistência em defender suas ideias transformadoras.

1. Nísia Floresta Brasileira Augusta (1810 - 1885): a primeira feminista brasileira

Foi a primeira feminista reconhecida pela historiografia brasileira.

Nísia Floresta nasceu Dionísia Gonçalves Pinto, no dia 12 de outubro de 1810, no sítio Floresta, localizado no povoado que tinha o nome de Papari, no Rio Grande do Norte. Era filha de Antonia Clara Freire e de Dionísio Gonçalves Pinto Lisboa. Sua mãe pertencia a uma família tradicional, proprietária de muitas terras. O pai era um advogado português, culto, com ideias liberais, que havia chegado ao Brasil, no início do século XIX.

No Nordeste, mais particularmente em Pernambuco, houve a revolução de 1817 para separar o Brasil de Portugal. Havia uma insatisfação com o controle de Portugal e também com as desigualdades sociais. A revolução foi derrotada, mas cresceu entre os brasileiros o sentimento contra os portugueses. A família de Nísia mudou-se, então, para Goiana (PE), uma cidade mais desenvolvida economicamente e com mais recursos de estudos. Nísia passou a frequentar a biblioteca, onde pode aprender a ler e escrever nos idiomas francês e italiano. Teve também aulas de canto, de trabalhos manuais e sobre os clássicos, no Convento das Carmelitas.

Como era o costume da época, as meninas se casavam muito novinhas a mando dos pais. Foi o que aconteceu com ela. Casou-se, aos 13 anos a contragosto, com Manoel Alexandre Seabra de Melo, um jovem rico. Seu casamento durou pouco e Nísia voltou para a casa dos pais em Goiana e posteriormente foi com eles para Olinda (PE). Na capital pernambucana, seu pai exercia a advocacia, tendo sido assassinado em 1824 por gente da elite. Seu sítio foi invadido e depredado a mando do capitão Uchôa Cavalcanti, que tinha se tornado seu arqui-inimigo, devido a uma demanda jurídica não resolvida.

Nísia, nessa época, foi viver com um jovem estudante de direito, Manoel Augusto de Faria Rocha. Foi uma atitude corajosa uma vez que seu primeiro marido a ameaçava de morte, acusando-a de adultério. Teve sua primeira filha em 1830. O seu segundo filho não sobreviveu. Teve seu terceiro filho.

Enquanto iniciava sua vida de mãe, escrevia no jornal, "Espelho das Brasileiras", artigos para as mulheres.

Em 1832, realizou a tradução da primeira obra em defesa dos direitos das mulheres a circular no Brasil. Até recentemente acreditava-se que a tradução era da obra "Vindication of the Rights of Woman" ("Reivindicação dos Direitos da Mulher"), da feminista inglesa Mary Wollstonecraft (1759 - 1797). Maria Lúcia Pallares-Burke, professora da Universidade de São Paulo, descobriu que Nísia, na realidade, traduzira uma versão em francês de outro texto feminista que circulou na França com o nome de Mary Wollstonecraft. Foi esta edição estampada erroneamente com o nome de Mary Wollstonecraft que veio parar em terras brasileiras e foi traduzido por Nísia. Era muito comum que textos circulassem nas colônias a partir de sua tradução para o francês.

Nesse caso em particular, o texto que foi parar na mão de Nísia e que estava atribuído a Wollstonecraft na edição francesa era, por sua vez, uma tradução de um texto escrito em inglês, por uma feminista anônima que assinava *Sophia, a Person of Quality*. Mas a confusão não acaba aí. Pallares-Burke revela que o texto que circulou como sendo de autoria de *Sophia* – texto este que, recapitulando, fora traduzido do inglês para o francês e atribuído à Wollstonecraft – era na realidade um texto de autoria do filósofo feminista François Poullain de La Barre (1647-1723), intitulado *De l'Égalité des deux sexes*, ou da Igualdade dos Sexos, escrito em 1679. Assim, Nísia traduziu aos 22 anos, sem saber, uma outra obra feminista que não o texto original de Mary Wollstonecraft. Muitos pesquisadores e leitores da obra de Wollstonecraft reconhecem a influência de *Sophia* e Poullain de La Barre no pensamento da feminista inglesa. Por essa e outras razões relacionadas aos modos de circulação de obras impressas no século XIX, a confusão de textos não é espantosa e Nísia foi a responsável pela introdução da primeira obra feminista no Brasil. (Pallares-Burke, 2020)

Na publicação brasileira, com o nome de "Direitos das Mulheres e Injustiça dos Homens", Nísia adotou o nome com o qual ficaria definitivamente conhecida: Nísia Floresta Brasileira Augusta. Com a tradução da obra, Nísia Floresta ficou consagrada como a precursora do feminismo no Brasil.

Em 1835, seu companheiro morreu repentinamente. Com 25 anos de idade, ficou sozinha com seus filhos pequenos em Porto Alegre (RS), cidade para a qual a família havia se mudado em 1832. Em Porto Alegre, dedicou-se ao magistério e à direção de um colégio. Na imprensa gaúcha, publicou seus artigos com o pseudônimo de "Quotidiana Fidedigna", nos jornais "O Recompilador" e "O Campeão da Legalidade".

Em 1837, mudou-se novamente. Foi para o Rio de Janeiro, com os filhos. Ali fundou uma escola para mulheres, onde pode colocar em prática as suas ideias sobre educação feminina, bastante avançadas para a época. A escola recebeu o nome de "Colégio Augusto", funcionou por 17 anos (1838-1855) e era localizada no centro da cidade. Nesse período, foram abertas diversas escolas dirigidas por europeus. Nísia, em sua escola para meninas, introduziu um ensino que reunia o tradicional – trabalhos manuais – e inovava com conhecimentos do português e de idiomas estrangeiros, com noções de geografia. Seus concorrentes começaram a lhe fazer críticas com o intuito de lhe quebrar o prestígio e a confiança junto às suas estudantes e familiares. Nos jornais da época, a principal crítica ao Colégio Augusto era a amplitude do conhecimento oferecido às alunas, pois as mentalidades mais conservadoras eram de opinião que as meninas deveriam ser educadas para os afazeres domésticos exclusivamente.

Em 1839, foi lançada a segunda edição do seu livro: "Direito das Mulheres e Injustiça dos Homens". Realizava conferências, proferia palestras na defesa da emancipação da população negra escravizada e das mulheres. Defendia os indígenas, a liberdade de culto e a federação das províncias sob os ideais republicanos.

Passou a escrever com intensidade na década de 1840. Produziu vários livros literários: "Conselhos a Minha Filha", dedicado à filha Lívia; "Daciz ou a jovem completa", "Fany ou modelo das donzelas", "Discurso", "A lágrima de Caeté", um poema dedicado à denúncia da degradação do indígena e a derrota dos liberais na Revolução Praieira, em Pernambuco (1848 - 1850).

Em 1849, Nísia deixou a direção do Colégio Augusto e seguiu, juntamente com seus dois filhos, para a França. Ao fazer contato com o positivismo, uma corrente filosófica que surgiu no início do século XIX, naquele país, conheceu um dos seus criadores, Auguste Comte (1798 -1854) e entre eles se fez uma grande amizade. Nísia continuou a escrever, e voltou ao Brasil para o lançamento do seu romance histórico: "Dedicação de uma amiga", em 1850. Continuou a escrever artigos sobre a emancipação das mulheres, publicados no jornal brasileiro: "O Liberal".

Em 1852, voltou a viver no Brasil por mais um tempo e publicou mais dois livros: "Opúsculo Humanitário", composto de artigos sobre educação das mulheres (1852) e "Páginas de uma vida obscura", que conta sobre a trajetória de uma pessoa negra escravizada (1855).

No ano de 1855, houve uma epidemia de cólera, no Rio de Janeiro. Ela se apresentou como voluntária para o enfrentamento da doença, tornou-se, então enfermeira.

No ano seguinte, voltou a morar na França. Passou a viver em outros países europeus.

A pesquisadora Constância Lima Duarte, especialista em Nísia Floresta, escreveu um artigo sobre "As Viagens de Nísia Floresta: Memória, Testemunho e História". Ela faz comentários sobre o livro: "*Trois ans en Italie, suivis d'un voyage en Grèce*" ("Três anos na Itália, seguidos de uma viagem à Grécia"). Segundo ela, "Nísia possuía uma consciência política aguçada para o seu tempo. Ela apresentou uma narrativa que não se refere apenas a uma turista em passeio. Ela foi (...) forjada num passado de lutas contra o preconceito e as injustiças sociais. (...) é bom lembrar, que ela desde a infância conviveu com fases revolucionárias em que se defendiam propostas liberais, em 1817 e 1824, em Pernambuco, de 1835 a 1838, com a 'Farroupilha' (Farroupilha ou Guerra dos Farrapos foi uma revolta regional contra o governo imperial do Brasil) em Porto Alegre (RS) e, em 1848, com a 'Revolução Praieira' (revolta contra o governo imperial), em Pernambuco." (Duarte, 2008, pp. 1055-6).

Nísia e sua família tiveram de mudar várias vezes devido aos movimentos políticos. Assim, quando morou no Rio Grande do Sul durante a Revolução Farroupilha, teve oportunidade de conhecer o italiano Giuseppe Garibaldi (1807-1882), que ficou conhecido como "herói dos dois mundos" por ter lutado no Brasil e na Itália.

Constância constata que há poucos relatos de viagens feitos por escritores brasileiros, dentro ou fora do país, no século XIX. Nísia Floresta escreveu sobre algumas de suas viagens e talvez tenha sido uma das raras escritoras brasileiras a fazê-lo. Foi também uma das primeiras mulheres a romper os limites do espaço privado ao publicar seus textos em jornais de circulação nacional. Seus artigos tratavam de assuntos polêmicos como os direitos das mulheres, a defesa dos povos indígenas e a liberdade para a população negra escravizada.

Seus livros sobre as viagens foram escritos em francês e italiano e não foram publicados no Brasil. Um dos mais celebrados pela crítica literária europeia é justamente *Trois ans en Italie, suivis d'un voyage en Grèce*, escrito em dois volumes. Foi muito elogiado pelos críticos literários na Europa. O público brasileiro só chegou a ter em mãos o primeiro volume, publicado em português, em 1998. Isso mesmo, no finalzinho do século XX.

Neste livro, Nísia não só descreve suas emoções e sentimentos mas também os fatos históricos presenciados por ela e a história dos lugares por onde passou. Sua narrativa se dá por meio de diálogos ou monólogos com pessoas ou com monumentos que lhe inspiraram sentimentos ou lhe despertaram curiosidade. Sempre observava a situação política, social e cultural dos lugares por onde andou. Ao comentar sobre este livro, Constância Duarte a chamou de "cronista da história italiana" (2008, p. 1056). Nos seus escritos, "ela expõe suas ideias liberais, toma partido e defende com paixão seu ponto-de-vista" (Duarte, 2008, p. 1056).

De 1870 a 1871, a cidade de Paris foi tomada pela revolta popular, conhecida como "Comuna", na qual populares tomaram o governo da cidade. Nísia se afastou da capital e foi viver no interior. No ano seguinte, voltou ao Brasil, onde viveu por três anos. Voltou para a Europa, viveu em Londres, Lisboa e voltou para Paris. Nesta cidade, publicou seu último trabalho: "*Fragments d´ouvrage inêdit – notes bibliographiques*" ("Fragmentos de uma obra inédita – notas bibliográficas").

Em 1885, Nísia morreu, vítima de pneumonia, na cidade de Rouen (França). Em 1948, o povoado de Papari (RN) passou a se chamar Nísia Floresta, em sua homenagem. Seus restos mortais foram trasladados para sua cidade natal em 1954 e seu túmulo é visitado até os dias de hoje.

Fontes

DUARTE, Constância Lima. As viagens de Nísia Floresta: memória, testemunho e história. *Revista Estudos Feministas*, 16(3), 2008.

SCHUMAHER, Schuma & BRAZIL, Érico Vital. *Dicionário de Mulheres do Brasil: de 1500 até a atualidade*. Rio de Janeiro: Jorge Zahar Editor, 2001.

PALLARES-BURKE, Maria Lúcia. Travessura Revolucionária: uma teia de erros em torno da feminista Nísia Floresta, nascida há 210 anos, *Revista Piauí*, 6 de outubro de 2020.

2. *Luiza Mahin (1812 - ?): altiva, geniosa, insofrida e vingativa*

Luiza Mahin foi uma mulher negra, nascida na África ou no Brasil, não se sabe ao certo. Viveu parte de sua vida na Bahia, onde chegou a trabalhar em serviços domésticos. Segundo seu filho, Luiz Gama (1830-1882), era livre. Passou, então, a trabalhar como ganhadeira. Fazia parte daquelas mulheres que vendiam salgados e doces, expostos em tabuleiros, nas ruas de Salvador (BA). Participou de várias revoltas pela libertação do povo escravizado. Deu apoio às pessoas rebeladas, forneceu alimentos e esconderijo para aquelas pessoas que estavam sendo perseguidas. Trocava informações com as lideranças dos levantes. Integrou-se às revoltas baianas dos Malês (1835) e da Sabinada (1837-1838). Foram movimentos decorrentes dos descontentamentos de setores da população, inclusive dos escravizados, com as condições de vida e com a política brasileira que não levava em conta as desigualdades regionais e sociais.

Ao que parece, Luiza Mahin participava das ações dos levantes também como intérprete do idioma árabe que foi usado nas preparações da Revolta dos Malês.

Luiza Mahin e sua biografia passaram por diversos momentos. O primeiro deles foi o negacionismo, que consistiu em negar sua história como se ela nunca tivesse existido. Seria ela apenas uma lenda ou um mito. Pelo fato de não haver registros escritos e documentos sobre ela, a historiografia oficial a ignorava. Por outro lado, seus feitos ousados estiveram sempre presentes nas narrativas orais da população.

O único documento escrito que fala dela é a carta de Luiz Gama (1830-1882), dirigida, em 1880, ao jornalista e amigo, Lúcio Mendonça (1854-1909). Luiz Gama, filho de Luiza Mahin, nasceu em Salvador (BA). Ainda criança foi vendido, como escravo, em São Paulo, por seu pai, um português, que precisava do dinheiro para cobrir uma dívida de jogo.

Ao chegar em São Paulo, aprendeu a ler e a escrever. Ele foi adotado por um homem branco. O seu comprador não quis ficar com ele ao saber que ele era baiano. Os escravocratas do Sul temiam a fama dos escravizados baianos. Assim, Luiz Gama frequentou a Faculdade de Direito do Largo São Francisco, em São Paulo. Tornou-se jornalista, advogado e poeta. Usou de todas suas qualidades profissionais para ser um ferrenho abolicionista. Nos tribunais, como advogado, defendeu a libertação de centenas de escravizados. Como jornalista, escreveu artigos em defesa da abolição da escravatura e dos ideais republicanos.

Um dia, seu amigo, Lúcio Mendonça, lhe pediu para escrever sobre sua biografia e ele, então, fez uma carta, que fala de sua mãe e que passou, então, a ser o único documento escrito sobre ela.

> Sou filho natural de uma negra africana livre, da Costa Mina (Nagô de Nação) de nome Luiza Mahin, pagã, que sempre recusou o batismo e a doutrina cristã.

> Minha mãe era baixa de estatura, magra, bonita, a cor era de um preto retinto e sem lustro, tinha dentes alvíssimos como a neve, era muito altiva, geniosa, insofrida e vingativa.
> Dava-se ao comércio - era quitandeira, muito laboriosa, e mais de uma vez, na Bahia, foi presa como suspeita de envolver-se em planos de insurreições de escravos, que não tiveram efeito.
> Era dotada de atividade. Em 1837, depois da Revolução do Dr. Sabino, na Bahia, veio ela ao Rio de Janeiro, e nunca mais voltou. Procurei-a em 1847, em 1856, em 1861, na Corte, sem que a pudesse encontrar. Em 1862, soube por uns pretos minas, que conheciam-na e que deram-me sinais certos que ela, acompanhada com malungos desordeiros, em uma "casa de dar fortuna", em 1838, fora posta em prisão; e que tanto ela como os seus companheiros desapareceram. Em opinião dos meus informantes que esses "amotinados" fossem mandados para fora pelo governo, que nesse tempo, tratava rigorosamente os africanos livres, como provocadores.

Esta carta do filho que procurou insistentemente sua mãe, com detalhes da busca, não foi suficiente para que a existência de Luiza Mahin fosse reconhecida na história.

O feminismo negro, no entanto, não desistiu de conhecer e reverenciar sua ancestralidade. Trouxe a trajetória de mulheres negras para o público. Por iniciativa do Coletivo de Mulheres Negras, em 1985, a Prefeitura do município de São Paulo inaugurou a "Praça Luiza Mahin" na

Vila Brasilândia, como forma de materializar a existência e a importância histórica de Luiza Mahin.

As feministas negras, Alzira Rufino, Nilza Iraci e a Maria Rosa Pereira do Coletivo de Mulheres Negras da Baixada Santista, escreveram, em 1987, uma biografia de Luiza Mahin. Nesse documento, Luiza Mahin talvez tenha sido deportada para a África, depois de fugir para o Rio de Janeiro e ser presa.

Na história recente do Brasil, vale lembrar que, em 1988, na Constituição Federal, o racismo passa a ser crime imprescritível e inafiançável e que em 2003, é aprovada a Lei nº 10.639 que torna obrigatório o ensino da História e Cultura Afro-Brasileira nas escolas. Nesse contexto de luta por direitos e visibilidade negra, Luiza Mahin ganha mais espaço.

Em 2006, a escritora Ana Maria Gonçalves traz no seu celebrado e marcante livro "Um Defeito de Cor", uma Luiza Mahin, criada entre sonhos e pesadelos, a mãe negra africana que procura o filho e que nunca o teria encontrado.

Em 2011, a Prefeitura de São Paulo cria o Prêmio Municipal "Luíza Mahin", como forma de reverenciar mulheres negras. Outras cidades brasileiras seguiram o exemplo. Por fim, em 2019, no dia 28 de março, o Senado Federal aprovou os nomes de Luiza Mahin e Dandara (liderança do Quilombo Palmares) como "heroínas da pátria". A Lei nº 13.816 determina que sejam inscritos os nomes da Dandara dos Palmares e de Luiza Mahin no Livro dos Heróis da Pátria e da Liberdade, em Brasília.

Justiça, finalmente, para a memória de Luiza Mahin, Dandara e tantas outras mulheres negras que nos trazem o referencial da resistência e coragem.

Fontes

ARRAES, Jarid. *Heroínas Negras Brasileiras em 15 Cordéis*, São Paulo: Pólen, 2017.

GONÇALVES, Ana Maria. *Um defeito de cor*. Rio de Janeiro: Record, 2006.

LIMA, Dulcilei C. *Desvendando Luiza Mahin:* um mito libertário no cerne do Femisnismo Negro, Rio de Janeiro: Multifoco, 2014.

RUFINO, Alzira; IRACI, Nilza & PEREIRA, Maria Rosa. *A mulher negra tem história*. Santos: Edição da autora, 1987.

TELES, Maria Amélia de Almeida. *Breve História do Feminismo no Brasil e outros ensaios*. São Paulo: Alameda, 2017.

3. *Maria Firmina dos Reis (1822-1917): a primeira romancista*

Foi a primeira romancista abolicionista da América Latina.

Maria Firmina dos Reis nasceu em 11 de março de 1822, na Ilha de São Luís do Maranhão, filha de uma mulher escravizada, alforriada e de um pai não sabido. Como ela só foi batizada em 21 de dezembro de 1825, há pessoas que consideram que ela teria nascido em 1825. No seu primeiro registro, não há informação de quem era seu pai nem a data de seu nascimento. Em 1847, ela precisou de um novo registro com dados sobre seu nascimento e do qual constasse, pelo menos, o nome da mãe para fazer um concurso público. Na nova certidão de nascimento, então, foi registrada, com a data de nascimento em 11 de março de 1822 e o nome de sua mãe, Leonor Felippa dos Reis.

Muito cedo, com 5 anos de idade, sua mãe morreu e ela foi levada para morar na cidade de Vila São José de Guimarães (MA), com uma tia em boa situação econômica. Ali, viveu até o final de sua vida. Naquela época, poucas mulheres estudavam. Se negra, as chances eram ainda bem menores. Mas ela estudou e também foi autodidata. Tornou-se professora primária, aprovada em concurso público, cargo que exerceu de 1847 até 1881. Fazia parte do ritual de nomeação em cargo público as pessoas serem carregadas por negros escravizados, num palanquim. Ao tomar posse, como professora concursada, em 1847, Maria Firmina se recusou a cumprir este ritual, declarando que: "negro não é animal para se andar montado nele". Escreveu em 1888 o "Hino da Abolição dos Escravos". Ela era também musicista e compositora.

Maria Firmina dos Reis foi a primeira romancista abolicionista negra da América Latina, com o romance "Úrsula", publicado em 1859. Em 2017, no centésimo aniversário de sua morte, o romance foi reeditado pela Editora Mulheres, em Florianópolis (SC). É autora de outros romances como "Gupeva", em 1860, que foi publicado em capítulos na imprensa local. O conto "A Escrava", em 1887, também tem o caráter abolicionista. Escreveu a coletânea de poemas como "Cantos à beira mar", que teve sua primeira edição em 1871. Ela, em sua produção literária, deu voz às mulheres escravizadas. É interessante destacar que ela iniciou a literatura abolicionista (1859) antes de Castro Alves, com "O Navio Negreiro", – poema que o consagrou como poeta abolicionista, em 1882 – e de "A Escrava Isaura", romance conhecido como abolicionista, de Bernardo Guimarães, escrito em 1875.

Colaborava com os diversos jornais maranhenses, com poesias, contos, crônicas. Atuou também como folclorista, recolheu e preservou textos da cultura popular.

Logo que se aposentou da escola pública, fundou em Maçaricó, um município próximo a Guimarães, uma escola mista e gratuita para meninas e meninos. As aulas eram num barracão e ela ia de sua casa até lá num carro de boi todas as manhãs. A escola foi fechada porque havia uma oposição forte contra o fato de se ter meninas e meninos num mesmo espaço educacional. A escola mista foi considerada um escândalo pelo povo da cidade. No entanto, já era uma reivindicação feminista de que as meninas tivessem condições e direitos em igualdade com os meninos.

Em 1863, ela própria se descreveu como tendo "uma compleição débil e acanhada" e, por conta disso, "não poderia deixar de ser uma criatura frágil, tímida, e por consequência, melancólica". Quem a conheceu, a descreveu como uma mulher "pequena, de cor parda, de rosto arredondado, olhos escuros, cabelos crespos e grisalhos presos na altura da nuca". (Del Priore & Bassanezi, 2012, p. 412).

Uma de suas ex-alunas disse que ela era uma professora enérgica, falava baixo, não aplicava castigos corporais, que eram comuns e permitidos na época. Era reservada mas acessível a toda população, alunos e moradores. Havia passeata de moradores em Guimarães e quando eles passavam em frente à casa dela, paravam para saudá-la. Ela fazia questão de agradecer com um discurso. Maria Firmina nunca se casou, foi mãe adotiva de diversas crianças e tinha um interesse enorme pela educação infantil.

Na Praça Pantheon, em São Luís do Maranhão, estão expostos diversos bustos de escritores maranhenses. Só um é de mulher: o busto de Maria Firmina dos Reis. Sua imagem dá a ela um perfil "embranquecido". No busto ela possui nariz afilado, cabelos lisos. Num quadro exposto na Câmara Municipal de Guimarães, até 2012, havia a imagem que diziam ser dela. Mas, na verdade, não era. Trata-se da escritora gaúcha Maria Benedita Borman, cujo pseudônimo era Délia (1853-1895). Os traços das duas escritoras são bem distintos. A imagem de Maria Benedita (Délia) corresponde a de uma mulher branca, de vestido e colar luxuosos. Ninguém sabe explicar porque a imagem de Maria Benedita foi colocada como sendo de Maria Firmina. A professora Régia Agostinho, da Universidade Federal do Maranhão, contou que todo mundo sabia que a imagem não era da Maria Firmina. Mas, como a pessoa que doou o quadro como sendo dela era importante, não tiraram o quadro da parede. O quadro só foi removido quando, em 2013, a professora que escreveu a tese sobre Maria Firmina voltou à cidade. Mas, até hoje, é comum, quando se busca pela internet, informações sobre Maria Firmina dos Reis aparecer a imagem da escritora gaúcha.

Maria Firmina dos Reis morreu pobre e cega, aos 95 anos de idade, na casa de uma ex-escravizada de nome Mariazinha. No seu atestado de óbito, consta pela primeira vez o nome de seu pai, como sendo João Pedro Esteves, um homem rico e dono de sua mãe.

Fontes

ARRAES, Jarid. *Heroínas Negras Brasileiras em 15 Cordéis*. São Paulo: Pólen, 2017.

CONSELHO ESTADUAL DA CONDIÇÃO FEMININA DE SÃO PAULO. Escritoras brasileiras do passado, Calendário. São Paulo, 1985.

WIKIPEDIA. *Maria Firmina dos Reis*. Disponível em: https://pt.wikipedia.org/wiki/Maria_Firmina_dos_Reis

DEL PRIORE, Maria & BASSANEZI, Carla. *História das Mulheres no Brasil*. São Paulo: Contexto, 2012.

RUFINO, Alzira; IRACI, Nilza & PEREIRA, Maria Rosa. *A mulher negra tem história*. Santos: Edição da autora, 1987.

TELES, Maria Amélia de Almeida. *Breve História do Feminismo no Brasil e outros ensaios*. São Paulo: Alameda, 2017.

4. *Chiquinha Gonzaga (1847-1935): a primeira maestrina*

Foi a primeira mulher a reger uma orquestra, o que obrigou a língua portuguesa a criar a palavra: "maestrina".

Chiquinha Gonzaga nasceu Francisca Edwiges Neves Gonzaga, na cidade do Rio de Janeiro em 17 de outubro de 1847. Filha de Rosa Maria Lima, negra e pobre, e do militar José Basileu Neves Gonzaga, parente do militar, político e monarquista, conhecido como Duque de Caxias, cujo nome era Luís Alves de Lima e Silva (1803-1880).

A família do pai de José Basileu, tradicional e conservadora, se opôs ao casamento, o que fez com que Chiquinha nascesse "bastarda". Bastarda significa "nascida fora do casamento" e, na época, a condição de bastarda implicava que a pessoa tivesse menos direitos em relação aos filhos que nascessem dentro do casamento. Hoje, a lei brasileira mudou e todos os filhos e filhas são iguais em direitos.

O pai conheceu a filha depois que voltou de Pernambuco, ao retornar de uma operação militar. Decidiu manter a união com a mãe de Chiquinha e tiveram outros filhos, mas só em 1860, reconheceu, de fato, a paternidade dos mesmos.

Chiquinha foi educada como uma menina de boa situação econômica da época. Aprendeu a ler e escrever com um religioso, contratado pelo seu pai para lhe ministrar aulas. Aprendeu operações de cálculo, catecismo e alguns idiomas. Na época, as moças de classe alta deviam aprender piano e o seu pai contratou o maestro Lobo, com quem ela adquiriu uma boa educação musical.

Ainda criança, já apresentava habilidades musicais. No Natal de 1858, ela compôs uma música especial e a apresentou para a família, sob a coordenação do seu tio, Antônio Eliseu, flautista amador.

Casou-se aos 16 anos com Jacinto Ribeiro do Amaral, um moço de 24 anos, com boas condições econômicas: proprietário de terras, de criações de gado, além de ser herdeiro dos negócios do pai, o português, Miguel Ribeiro do Amaral. A cerimônia obedeceu a um ritual de alto padrão e o Caxias foi seu padrinho de casamento. Teve o primeiro filho deste casamento, de nome João Gualberto, em 1864. No ano seguinte, veio sua filha, Maria do Patrocínio. Chiquinha tornou-se mãe, mas não abandonou o piano para desespero do seu marido que pensava que a maternidade ia lhe tirar o gosto pela música. A situação do casal foi se tornando cada vez mais insuportável. Seu marido, comandante da Marinha Mercante, obrigou-a a acompanhá-lo em viagens que serviriam de transporte de escravizados, soldados e armas para a Guerra do Paraguai. A intenção do marido era afastar Chiquinha do piano. Chiquinha então percebeu que ela estava sendo tão dominada quanto os escravizados transportados. Pensando em aliviar seu sofrimento, conseguiu um violão a bordo. Foi convidada a escolher entre o marido e o violão. Ela não vacilou, ficou com o violão.

Chiquinha, sem contar com o apoio da família, ainda tentou viver com o marido intransigente. Teve mais um filho, de nome Hilário. Finalmente decidiu separar-se de vez do seu marido, que não gostava de vê-la envolvida com a música. Sua família a renegou e ela foi proibida definitivamente de visitar seus filhos. Foi, então, se dedicar inteiramente à música.

O músico mais popular do Rio de Janeiro, naquele ano de 1869, era o flautista Callado (Joaquim Antônio da Silva Callado, 1848-1880), o criador do "choro". Callado se empenhava em nacionalizar a música popular. Ele recebeu e acolheu Chiquinha Gonzaga no meio musical. Compôs uma música, especialmente, para ela: uma polca; "Querida por todos". Assim ela passou a frequentar o meio musical e recebeu os votos de boas-vindas com novas músicas compostas por Callado.

Nesse tempo, Chiquinha se apaixonou por João Batista de Carvalho Jr, com quem ela foi viver. A sociedade carioca não aceitou a união dos dois e Chiquinha passou a ser humilhada, o que a incomodava bastante. Teve uma filha com ele, Alice Maria, nascida em 1876. Mas, a união deles se desfez e ela percebeu que deveria voltar para o meio musical, onde deveria se tornar profissional. Chiquinha, mais uma vez, sofreu rejeição da família.

Ficou pobre e passou a ter dificuldades para a sobrevivência. Não largou o piano e o transformou em seu "ganha-pão". Passou a dar aulas de piano, mas também se lançou como compositora.

Mais uma vez, Callado lhe deu seu apoio. O flautista e sua equipe de "chorões", muitas vezes, precisavam de um bom pianista capaz de se identificar com aquela nova maneira de interpretar as músicas. E Chiquinha correspondia às necessidades dos músicos. Passou a ser pianista dos grupos de Choro. Ou melhor, foi a primeira pianista, na época chamada de pianeira "chorona". O pianista do choro era chamado de "pianeiro", que seria uma pessoa com formação precária, mas boa capacidade de captar e de ser intérprete de novos ritmos musicais.

O Rio de Janeiro começou a mudar e a ter uma vida urbana noturna. Havia uma ebulição intelectual e política. Recrudescia a campanha pela abolição da escravatura. As leis anteriores do Ventre Livre (1871) e a dos Sexagenários (1885) não satisfaziam a maioria da população que aspirava liberdades. Várias formas de agregar populares eram criadas: clubes políticos, grêmios literários, associações recreativas, ligas abolicionistas, grupos de "choro", sociedades carnavalescas, entre outras. Com tantas organizações populares, passou-se a ter uma produção de jornais, músicas, caricaturas e quadrinhas satíricas, que com humor tratavam das mazelas públicas. A vida boêmia cresceu com o surgimento de um novo tipo de transporte, o *bond*, e a iluminação a gás nas ruas. A música e o teatro apresentados, então, por companhias estrangeiras, passam a contar também com uma produção nacional. A partir de 1870, a música brasileira começou a vingar graças à força da cultura negra preservada na resistência, inclusive religiosa.

Entre 1877 e 1885, Chiquinha tornou-se **maestrina**, vivendo, contraditoriamente, momento de muitas hostilidades e momento de respeito e carinho por parte dos chorões e boêmios.

É interessante saber que era a própria Chiquinha que confeccionava suas roupas. Chiquinha usava lenço nos cabelos ao invés de chapéu que era a moda da época. Foi uma das primeiras mulheres a usar a calça comprida em público.

Havia gente que rasgava suas partituras como forma de demonstrar sua rejeição por ser ela uma mulher dedicada à música, em vez de estar em casa ocupada nos afazeres domésticos. A rejeição a Chiquinha Gonzaga extrapolava a sua pessoa. Assim, Maria, sua filha, então com 18 anos de idade, teve seu casamento desfeito. Motivo: a família do noivo soube quem era sua verdadeira mãe, Chiquinha Gonzaga.

Chiquinha continuava sua produção cultural: teatro, polcas, valsas e tangos. Tudo isso bem ao gosto popular. Ela teria tomado para si a proposta de Callado, de abrasileiramento musical. Aproximou-se do maestro e compositor Carlos Gomes (1836-1896), quando este chegou ao Rio de Janeiro, em 1880.

Só vai estrear, de fato, como maestrina em 1885, o que criou um certo desconforto aos jornalistas, por ficarem em dúvida, se estava correto "afeminar o termo maestro", até então uma atividade exclusiva de homens.

Chiquinha continuou a obter um ótimo acolhimento do público e da imprensa. Seu nome, em qualquer atividade cultural, significava "casa cheia e muito sucesso". Em uma de suas peças teatrais, acolheu a mulher trans compondo para ela uma música. Isso depois de ter ocorrido o escândalo representado pelo fato de um homem vestido de mulher ter conseguido um emprego de doméstica em 1886, no Rio de Janeiro.

A revolta do Vintém no Rio de Janeiro ocorreu no período de 28 de dezembro de 1879 a 4 de janeiro de 1880. Foi um protesto contra a criação de um tributo de vinte réis (um vintém) sobre as passagens dos bondes e trens, instituído pelo Ministro da Fazenda do Império. O médico e jornalista, abolicionista e republicano, Lopes Trovão (1848-1925), tomou a frente dessa luta. Os revoltosos conseguiram a vitória: caiu a lei e foi demitido o Ministro. Houve um fortalecimento da Campanha Abolicionista. Chiquinha esteve na revolta apoiando e defendendo as ideias abolicionistas e se tornou amiga de Lopes Trovão.

Na ocasião, ela vendia suas músicas de porta em porta, para comprar a alforria do escravizado Zé Flauta. Participou nos festivais artísticos de arrecadação de fundos para libertação de escravizados. Ela, com esta participação, manifestava sua condenação a uma sociedade sufocada por ideias atrasadas. Assim, ela esteve sempre pronta a enfrentar às questões sociais com disposição de denunciar e lutar.

Tão logo houve a abolição da escravatura (1888), ela se juntou com outros segmentos para defender as ideias republicanas. Reuniu-se mais uma vez com Lopes Trovão. Proclamada a República (1889), convocou-se a Constituinte, instalada em 1891. Lopes Trovão tornou-se deputado constituinte. Foi uma voz isolada na Constituinte a defender os direitos das mulheres ao voto e ao divórcio. Mais tarde, em 1921, Lopes Trovão vai falar sobre ela: "Aquela Chiquinha é o diabo! Foi nossa companheira de propaganda na praça pública, nos cafés! Nunca me abandonou..." (Jornal "A Pátria", 30/05/1921).

Como bem disse sua biógrafa, a socióloga Edinha Diniz (1949 -), Chiquinha ouviu o povo, integrou-se ao espaço da rua numa "sociedade que demarcava rigidamente o lugar feminino: a casa para a mulher, o salão para a dama e a rua para o escravo e a mulher da vida". Chiquinha foi uma mulher da vida, vivendo-a intensamente, auscultando os sentimentos e emoções das ruas e soube transformá-los em belas e harmônicas composições musicais, com letras, ritmos e dramaticidade. Viveu de sua música e de sua arte. Uma musicista dedicada a criar, reinventar e divulgar a música popular.

Não se pode falar da história da música popular ou da dança urbana, no Brasil, sem mencionar o nome de Chiquinha Gonzaga e sua produção musical que se desdobrou em coreografias populares, saraus e carnaval. Ela foi musicista, compositora, pianista. Criou partituras, óperas e peças de teatro. Foi uma das primeiras ou a primeira a viver profissionalmente da música, inclusive vendia, pessoalmente, suas partituras musicais para o seu sustento e de sua família.

Com intensa participação em atividades culturais, criou músicas e inventou ritmos que ganharam a simpatia e adesão de populares e até chegou nos salões da elite brasileira, como o corta-jaca, que era um maxixe, de início, desdenhado pela elite e censurado. Era chamado de "tango".

Em 1914, Nair de Tefé (1866-1981, considerada a primeira caricaturista mulher no mundo), esposa do presidente da República, Hermes da Fonseca, desafiada por Catulo da Paixão Cearense (1863-1946, compositor), executou a música de autoria de Chiquinha Gonzaga, corta-jaca, o que causou um escândalo na sociedade carioca. Sob protestos do então Senador da República Rui Barbosa (1849-1923), que não era favorável ao gosto popular e considerava a música corta-jaca "a mais baixa, a mais chula, a mais grosseira de todas as danças selvagens, a irmã gêmea do batuque, do cateretê e do samba" (Diniz, 2009, p. 236).

No governo republicano de Floriano Peixoto, Chiquinha escreveu uma cançoneta: "Aperte o botão", com críticas ao florianismo. Foi totalmente censurada e proibida sua divulgação. Dizem que ela chegou a receber ordem de prisão, mas não foi presa.

No finzinho do século XIX, 1899 ou 1900, conheceu um jovem português de nome João Batista Fernandes Lage, com quem viveu até o final de sua vida. Ela o apresentava como sendo seu filho. Mas segundo os que a rodeavam, eles viviam em uma união afetivo-sexual. Ele trabalhou com ela como músico e cuidou de preservar o acervo de Chiquinha Gonzaga.

Em 27 de setembro de 1917, com o apoio de Viriato Corrêa e Raul Pederneiras e demais jornalistas, criou a Sociedade Brasileira de Autores Teatrais (SBAT), a primeira entidade de classe de defesa dos direitos autorais.

Continuou compondo peças e todos os dias ia até a sede da SBAT, conversava com o pessoal do teatro. Suas últimas peças: *Juriti* (1919) e *Jandira* (1921). Sua última partitura é datada de 1933.

No entanto, não foi reconhecida em vida sua importância para a cultura musical brasileira nem sua atuação na defesa dos profissionais artistas ao inaugurar a campanha pelos direitos autorais. Quando ela morreu, em 28 de fevereiro de 1935, às vésperas do carnaval, Viriato Corrêa (1884-1967), um de seus colegas na defesa dos direitos autorais, no seu sepultamento, despediu-se dela com este discurso: "O esnobismo nacional não quis nunca tomar conhecimento da arte de Francisca Gonzaga. Que fazia ela? Partituras e revistas, de burletas (pequenas comédias musicais), de operetas, polcas e valsas, maxixes e canções e tudo isso com cheiro nosso e com expressão popular". (Macedo, 2010).

Quem manteve sua memória viva foram os segmentos populares, urbanos e boêmios, que a incluíram no seu cotidiano sociocultural.

Infograma nº. 1: Abre Alas

"O abre alas que eu quero passar,
eu sou da Lira, não posso negar,
Rosas de Ouro é quem vai ganhar!"
Chiquinha Gonzaga

Quem não ouviu esta marchinha? Todo ano, no carnaval, nos mais diversos lugares do Brasil, coloca-se a marcha-rancho "Abre alas". Populares cantarolam, dançam ou saem desfilando em seus blocos de rua ou nos salões carnavalescos. É a primeira música do carnaval brasileiro. Foi criada por uma mulher: Chiquinha Gonzaga, em 1899, quando ela morava no Andaraí, bairro carioca, que era a sede do cordão "Rosas de Ouro".

A pesquisadora Edinha Diniz (1949 -) recuperou a importância político-cultural de Chiquinha Gonzaga. Numa de suas entrevistas ao site 'O marco zero', em fevereiro de 2005, conta como redescobriu Chiquinha Gonzaga.

> Por volta dos anos de 1970, eu só tinha Chiquinha Gonzaga associada à marchinha "Ó abre alas". Era só isso o que eu sabia antes de começar a pesquisa, em 1977. Soa estranho que não soubéssemos quase nada dessa que foi uma das figuras mais importantes da luta pelas liberdades no país. E isso cento e trinta anos depois de ter nascido! Mas considero que o esquecimento foi um dos preços que Chiquinha Gonzaga pagou por sua audácia.

Edinha Diniz faz uma ponte entre a história de Chiquinha Gonzaga e as conquistas das mulheres no século XX:

> Afinal, a conquista de direitos por parte das mulheres foi a luta mais bem sucedida do século XX e Chiquinha tem um papel nessa história. Mesmo considerando a história mundial, nos impressiona a antecipação com que ela viveu a liberdade pessoal. Chiquinha Gonzaga foi uma mulher do século XXI tendo nascido no século XIX. (Braga, 2005).

Hoje, Chiquinha Gonzaga é verbete em importantes enciclopédias no exterior. Sua música está sendo continuamente gravada e executada em concertos e vem merecendo trabalhos acadêmicos. Mas ela também dá nome a centro comunitário em favela e a ocupação de famílias sem teto no Rio de Janeiro. São homenagens de mulheres, como ela, que lutam por liberdade e dignidade.

Fontes

DINIZ, Edinha. *Chiquinha Gonzaga: uma história de vida*. Rio de Janeiro: Jorge Zahar Editor/IMS, 2009.

MACEDO, Laura. Chiquinha Gonzaga, A mãe da Juriti. *Teatro de Revista*. 9 de março, 2010.

SOUZA, Duda Porto & CARARO, Aryane. *Extraordinárias: Mulheres que revolucionaram o Brasil*. São Paulo: Seguinte, 2017.

5. *Bertha Lutz (1894-1976): o feminismo sufragista*

Foi a sufragista pioneira a se dedicar inteiramente à luta pelo direito do voto feminino.

Bertha Lutz nasceu Bertha Maria Júlia Lutz, em São Paulo, no dia 2 de agosto de 1898. Sua mãe era inglesa, enfermeira e de nome Amy Fowler. Seu pai era o cientista pioneiro da medicina tropical, Adolfo Lutz.

Na adolescência, Bertha foi viver na Europa para continuar seus estudos. Fez o curso de ciências biológicas na Universidade de Sorbonne, em Paris. Tomou conhecimento e se sentiu atraída pelas feministas inglesas que lutavam pelo direito de voto para as mulheres.

Ao voltar para o Brasil, com 24 anos de idade, tornou-se militante feminista. Enfrentou debates públicos com a imprensa da época que dizia que o voto feminino não traria mudanças para a vida das brasileiras. Bertha ficou indignada e fez um artigo, conclamando as brasileiras para se organizarem em uma associação e a lutar por seus direitos.

Em 1919, Bertha Lutz representou o Brasil, juntamente com a paulista, Olga de Paiva Meira, no Conselho Feminino Internacional da Organização Internacional do Trabalho (OIT), onde foram aprovados direitos trabalhistas para as mulheres.

De volta deste evento, Bertha Lutz, juntamente com outras mulheres, dentre elas, Maria Lacerda de Moura, criou a Liga para Emancipação Intelectual da Mulher, no mesmo ano de 1919.

Em 1922, Bertha foi aos Estados Unidos, como delegada oficial do Brasil na I Conferência Pan-Americana de Mulheres. De volta ao Brasil, participou do I Congresso Internacional Feminista, realizado pela Ordem de Advogados (as) do Brasil (OAB), em comemoração ao centenário da Independência do Brasil. Na ocasião, foi consolidada a criação da Federação pelo Progresso Feminino, com a participação de diversas mulheres feministas que passaram a pressionar o Parlamento para se ter uma lei que garantisse o direito do voto feminino. Muitas outras mulheres participaram da formação da nova entidade.

Mais tarde, Bertha Lutz decidiu fazer o curso de direito para melhor contribuir com argumentos jurídicos, em favor do voto feminino. Tornou-se advogada.

Em 1930, encontrava-se no Senado um projeto de lei para garantir o voto para as mulheres. Neste mesmo ano, houve um movimento político, conhecido como a Revolução de 1930, que clamava por uma nova Constituição. Tornou-se necessário um novo Código Eleitoral. Criou-se uma Comissão de Juristas para elaborar este novo Código. Dentre os vários homens, uma mulher jurista apenas: Bertha Lutz.

Houve vários debates a favor e contra a inclusão do direito de voto para as mulheres. Havia alguns parlamentares que achavam que só a Assembleia Constituinte poderia autorizar o voto feminino. Bertha Lutz teve uma atuação decisiva para que a matéria fosse incluída no novo Código Eleitoral. Em seguida, Bertha Lutz foi nomeada, pelo Presidente Getúlio Vargas, para participar da Comissão de Juristas, encarregada de redigir o anteprojeto da Constituição.

Nas eleições de 1933, a primeira que pode contar com a participação direta das mulheres, Bertha Lutz concorreu, como candidata à Assembleia Nacional Constituinte. O jogo político foi pesado. Bertha foi acusada de fraude eleitoral. No final, foram provadas que as acusações eram falsas, mas Bertha já havia perdido as eleições. Foi eleita apenas uma deputada constituinte, a paulista, Carlota Pereira Queirós (1892-1982). Foi feita a Constituição de 1934 e as mulheres passaram a ter o direito constitucional de voto. Em novas eleições, Bertha Lutz se candidatou, novamente, para deputada federal e conseguiu a primeira suplência. No ano seguinte, se instalou a ditadura do "Estado Novo" ou a "Ditadura Vargas", que durou de 1937 a 1945. Sob a ditadura, os movimentos democráticos foram reprimidos, inclusive a luta das mulheres.

Bertha Lutz continuou sua luta em defesa das mulheres, fora do país. Participou de conferências e organizações internacionais de igualdade e justiça para as mulheres.

Infograma nº. 2: A luta sufragista foi longa!

O movimento feminista sufragista brasileiro percorreu um longo caminho, desde meados do século XIX até a década de 1930 no século XX. Só em 1932, 24 de fevereiro, foi publicado o novo Código Eleitoral, Decreto nº 21.076, durante o governo Vargas, com autorização explícita de que as mulheres teriam direito ao voto. Várias pesquisadoras feministas fazem um alerta de que a luta sufragista feminista foi de fato a responsável pela conquista do direito ao voto feminino. Não foi nenhum favor de governantes. Por isso, entendemos que para falar do assunto "feminismo sufragista", não poderíamos nos restringir a apenas uma mulher. Deveríamos contar a história de muitas mulheres. Aliás, isso vale para todas as conquistas do feminismo e todas as demais lutas sociais, que sempre se constroem nas lutas coletivas.

A imprensa feminista teve o seu primeiro jornal, em 1852, manifestando-se em defesa do direito do voto feminino. Outros jornais foram surgindo ao longo dessa luta e todos eles levantaram a luta pelo voto feminino.

Bertha Lutz teve mais visibilidade política, pois se encontrava no mesmo nível econômico dos políticos no poder, o que favoreceu em suas articulações políticas.

Mas, enquanto Bertha estava fora do país, no Brasil, já havia uma participação expressiva em defesa dos direitos das mulheres. Uma dessas mulheres foi **Leolinda Figueiredo Daltro** (1860-1935). Nascida na Bahia, em 1860, mudou-se para o Rio de Janeiro, onde viveu a maior parte de sua vida. Ela teve cinco filhos e os criou sozinha.

Era de origem humilde e se tornou professora. Começou a sua luta defendendo uma educação, sem interferência da religião, aos indígenas. Propôs que eles fossem alfabetizados e integrados na sociedade. Isso era uma proposta ousada, pois, na época, as opiniões prevalentes a respeito dos indígenas era de catequizá-los ou exterminá-los. Falar dos direitos dos indígenas era mexer com dois pilares do estado: os grandes proprietários de terra e a Igreja.

Ela, no seu empenho de tratar da questão indígena, viajava constantemente para o interior e deixava seus filhos sob cuidados de parentes. Numa sociedade patriarcal, tal atitude era usada para desmoralizá-la, humilhá-la e fazê-la se passar como uma mulher "ridícula", como uma mulher que abandonava seus filhos.

Ela percebeu o quanto sua condição de mulher lhe impedia de lutar pelos indígenas. Tornou-se feminista. Procurou se inscrever no alistamento eleitoral, em 1909. Foi negada sua solicitação por ser mulher. Apesar de a Constituição da República de 1891 não proibir explicitamente que as mulheres não pudessem votar. O artigo 7º da Constituição afirmava que são eleitores "os cidadãos maiores de 21 anos que se alistarem na forma da lei."

Em 1910, Leolinda criou o Partido Republicano Feminino (PRF), como uma organização de mulheres para obter o direito do voto feminino. Chegou a fazer uma passeata, em 1917, com 90 mulheres, no Rio de Janeiro.

Foi a primeira manifestação feminista, na rua, em defesa do direito ao voto para as mulheres.

Nos anos de 1920, foram travadas muitas lutas pelo voto feminino no Congresso Nacional. A luta recebeu apoio fundamental do parlamentar Juvenal Lamartine, que, em 1928, foi eleito governador do Rio Grande do Norte.

Leolinda foi muito estigmatizada e voltou-se ao seu trabalho profissional de educadora. Morreu em 1935, num acidente de carro.

Fontes

SOUZA, Duda Porto & CARARO, Aryane. *Extraordinárias: Mulheres que revolucionaram o Brasil*. São Paulo: Seguinte, 2017.

SCHUMAHER, Schuma & BRAZIL, Érico Vital. *Dicionário de Mulheres do Brasil: de 1500 até a atualidade*. Rio de Janeiro: Jorge Zahar Editor, 2001

6. Alzira Soriano (1897-1963): primeira prefeita da América Latina

Alzira Soriano foi a primeira prefeita brasileira e da América Latina.

Luisa Alzira Teixeira de Vasconcelos nasceu em 29 de abril de 1897, em Jardim de Angicos, no estado do Rio Grande do Norte. Era filha de Margarida de Vasconcelos e do coronel da Guarda Nacional, político tradicional e comerciante, Miguel Teixeira de Vasconcelos.

Alzira casou-se em 1914, aos 17 anos de idade, com Thomaz Soriano de Sousa Filho, de família tradicional pernambucana. Foram morar na cidade de Ceará-Mirim

(RN) para a qual ele havia sido designado como promotor público. Ele foi vitimado pela gripe espanhola, vindo a falecer em 1919. Tiveram três filhas: Sônia, Ismênia e Maria do Céu. Quando seu marido morreu, Alzira estava grávida de sua quarta filha, Ivonilde. Morou, com as filhas, por um tempo na fazenda Primavera, vizinha à casa de seus pais. Em seguida, aceitou o convite do sogro e foi morar no Recife, Pernambuco. Ficou por pouco tempo. Voltou para Jardim Angicos, tornando-se responsável pela administração da propriedade. Devido ao seu comando firme, a casa e as atividades da família estavam indo muito bem. Passou a ser respeitada pela vizinhança.

Alzira foi assumindo gosto pela política, tomava parte das reuniões e iniciativas políticas de seu pai que era um influente político local.

No Brasil, havia uma campanha coordenada por feministas sufragistas pela defesa do voto feminino. No Rio Grande do Norte, em 1927, o governador Juvenal Lamartine aderiu à campanha e permitiu o alistamento eleitoral das mulheres.

A líder sufragista Bertha Lutz (1894-1976) foi até o Rio Grande do Norte para que se garantisse não só o voto feminino, mas também que houvesse mulheres candidatas. Por decisão do político e governador do Estado, Juvenal Lamartine, o Rio Grande do Norte foi o primeiro estado brasileiro a retirar a restrição de sexo da legislação eleitoral. Foi criada, a Lei nº 660 de 1927 que dizia: "poderão votar e ser votados, sem distinção de sexo, todos os cidadãos que reunirem as condições exigidas por esta Lei". As mulheres potiguares foram, então, as primeiras eleitoras brasileiras. Bertha Lutz havia conhecido Alzira Soriano nas reuniões da cidade e gostou de seu jeito decidido de entrar no assunto da política. Junto com Lamartine, simpatizante da causa feminista, formalizaram a candidatura feminina de Alzira Soriano. A reação dos adversários foi imediata e logo ela recebeu os ataques misóginos durante toda a campanha. Eles a ofendiam com ameaças do tipo: "mulher pública é puta". Outros opositores iam até sua família no sentido de convencê-los de que era muito grave "uma senhora de família fazer política". Sob ameaças e ofensas, ela saiu vitoriosa nas eleições com 60% dos votos, em 1928. Tornou-se então Alzira Soriano, a primeira mulher prefeita da cidade de Lajes (RN) e a primeira prefeita do Brasil e da América Latina.

Na sua posse, Alzira Soriano destacou em seu discurso a importância de sua eleição e o marco histórico que o momento representava para o Brasil.

> Assim neste ambiente de liberdade e trabalho, de patriotismo e de tolerância, tornou-se em realidade, o nosso sonho de igualdade política. A prova eloquente de reconstrução político-social, caracteriza-se pela minha eleição ao posto de prefeita deste município! (Jornal "A República", de janeiro de 1929).

Sua administração durou um pouco mais de sete meses. Perdeu o mandato por discordar do Governo Vargas. Não aceitou ser interventora municipal uma vez que tinha sido eleita democraticamente. Voltou à política somente, em 1947, como vereadora, em sucessivas eleições, sendo uma referência da política local.

Em sua homenagem foi instalada na cidade de Lajes desde 2010 a "Semana Alzira Soriano", com a participação de mulheres de destaque cultural na cidade. Foi criado o Museu Municipal Alzira Soriano, com parte de seus objetos pessoais, preservados por sua filha Ivonilde Soriano. Ela está também representada no brasão e na bandeira municipal.

Alzira foi vítima de um câncer que a levou à morte, em 28 de maio de 1963.

Fontes

ENGLER, Isabel. *A primeira prefeita brasileira Alzira Soriano: o poder político coronelístico, Lages/RN*, 1928. Trabalho de Conclusão de Curso. Universidade Federal da Fronteira Sul, 2019.

SCHUMAHER, Schuma & BRAZIL, Érico Vital. *Dicionário de Mulheres do Brasil: de 1500 até a atualidade.* Rio de Janeiro: Jorge Zahar Editor, 2001.

7. *Carlota Pereira Queirós (1892-1982): primeira deputada federal da América Latina*

Foi a primeira deputada federal do Brasil e da América Latina.

Carlota Pereira Queirós nasceu na cidade de São Paulo, em 13 de fevereiro de 1892, filha de Maria Vicentina de Azevedo Pereira Queirós e José Pereira de Queirós.

Fez o curso Normal e tornou-se inspetora de ensino. Em 1920, entrou na Faculdade de Medicina de São Paulo, concluindo o curso em 1926, com a tese "Estudos sobre o Câncer", vencedora do Prêmio "Miguel Couto".

Em 1928, assumiu a Chefia do Laboratório da Clínica Pediátrica da Faculdade de Medicina de São Paulo. No ano seguinte, foi para a Suíça estudar dietética infantil, com bolsa de estudos do governo paulista.

Na família de Carlota, já havia uma tradição de participar da política. Era neta, por parte de pai, de um proprietário de terras da região de Jundiaí, no interior de São Paulo, membro do PRP, o Partido Republicano Paulista – uma das principais forças na queda da monarquia – e também um dos fundadores do jornal "A Província de São Paulo", hoje "O Estado de S. Paulo", um jornal tradicionalmente conservador. Do lado de sua mãe, o avô era um líder regional de Lorena, filiado ao Partido Conservador. A mãe, Maria Vicentina de Azevedo Pereira de Queiroz, vinha de uma família extremamente católica.

Na Revolução de 1932, quando São Paulo se mobilizou contra o governo provisório de Getúlio Vargas, Carlota, juntamente com a seção paulista da Cruz Vermelha, mobilizou um grupo de 700 mulheres para prestar assistência aos feridos. Com toda essa participação, Carlota Pereira Queirós passou a ser muito conhecida. Entusiasmou-se pela política e, como as feministas já tinham conquistado o direito das mulheres de votar e serem votadas, Carlota decidiu se candidatar. Carlota não era feminista e era bastante conservadora. Com o apoio da Federação dos Voluntários, ela conseguiu a inclusão de seu nome na lista de 22 candidatos da "Chapa Única por São Paulo Unido", nas eleições de 1933 para a Constituinte de 1934. Desta Chapa Única, 17 foram eleitos deputados.

Carlota Pereira Queirós foi eleita e tomou posse em novembro de 1933. Na Assembleia Nacional Constituinte, Carlota se integrou às Comissões da Saúde e da Educação. Elaborou o primeiro projeto brasileiro para criação do serviço social, o que obrigou o Estado a destinar verbas para a assistência social.

A Constituição Federal foi promulgada em 17 de julho de 1934 e explicitou a igualdade de direitos entre os sexos. É preciso lembrar que a Constituição Federal de 1946 voltou atrás e excluiu o princípio da igualdade de direitos entre os sexos. Aliás, a Constituição de 1946, considerada uma das mais democráticas da história da república brasileira, foi feita sem a participação de nenhuma mulher. Por isso, houve um retrocesso, que só foi corrigido na Constituição de 1988, ou seja, mais de quatro décadas depois.

Carlota seria o único nome feminino a assinar a Constituinte de 1934 ao lado de outros 252 deputados. Após a promulgação, seria eleita novamente, pelo Partido Constitucionalista de São Paulo, e permaneceria na Câmara até seu fim, em 1937, quando Getúlio Vargas fechou o Congresso no golpe do Estado Novo.

Em 1936, a feminista Bertha Lutz foi como deputada suplente para a Câmara Federal, tornando-se colega de Carlota. Mas a atuação delas foi marcada por divergências políticas quanto aos direitos das mulheres. Carlota achava que não havia necessidade de políticas voltadas para as mulheres.

Carlota Pereira Queirós fazia questão de negar o feminismo e se dizia mesmo não ser de forma alguma feminista. Suas declarações eram voltadas para a elite paulista. Quando candidata à constituinte, em 1933, ressaltou que "a minha candidatura (...) não é senão uma nova conquista da mulher bandeirante... sou depositária dessa conquista, nada mais do que isso." (Schpun, 1999, p. 358).

Tal afirmação pode ter comprometido o seu trabalho como constituinte, pois ela deveria estar trabalhando por todo o Brasil e para todas as pessoas que viviam no território nacional. Quanto à mulher bandeirante, temos que lembrar que os bandeirantes defendiam os interesses dos colonizadores europeus que exploravam as riquezas naturais brasileiras. Para isso, entraram no interior do país, mataram, perseguiram e escravizavam os indígenas. Esses eram os bandeirantes. O que significa então ser a mulher bandeirante? Uma mulher submissa aos bandeirantes? Que obedecia às ordens patriarcais, racistas e misóginas? Em 1933, em São Paulo, havia uma grande maioria de mulheres operárias, mulheres negras, trabalhadoras dos serviços mais pesados, professoras, enfermeiras, secretárias, comerciárias, e tantas outras profissionais que, certamente, não se encaixavam no perfil da mulher "bandeirante".

Para o grande público, Carlota Pereira Queirós escondia que sofria discriminação dos seus correligionários. Fazia questão de mostrar que era tratada como uma igual. Dizia que foi muito bem recebida na Câmara dos Deputados como uma colega parlamentar. Afirmava nunca ter sido alvo de atitudes ou ações misóginas.

Mas ela escrevia um diário, que só mais tarde foi conhecido. Nele, ela se queixava que seus colegas se esforçavam o tempo todo para excluí-la de qualquer atividade relevante. Isso ela teria percebido quando participou de uma delegação para representar o Partido Constitucionalista, em Porto Alegre, em 1935.

Em outro momento, ela escreveu que "acabou de se convencer de que o fim da minha vinda" foi para que eles a usassem como figura decorativa, "nunca me consideraram membro da comitiva" (Schpun, 1999, p. 341). Mas tudo isso ela escrevia no seu diário. Em público, ela achava que seria muito humilhante assumir o fato de ser alvo de discriminação machista.

Em 1945, com o fim da Ditadura Vargas, conhecida também como Estado Novo, Carlota tentou voltar à Câmara Federal mas não se reelegeu. Em 1950, fundou a Associação Brasileira de Mulheres Médicas, que foi presidida por ela durante vários anos.

Em 1964, com a deflagração do golpe militar, Carlota apoiou os militares. Teve uma vida profissional como médica, tornando-se membra da Academia Paulista de Medicina e da Academia Nacional de Medicina de Buenos Aires.

Carlota nunca se casou. Faleceu em 17 de abril de 1982, na cidade de São Paulo. Há uma avenida com seu nome: Dra. Carlota Pereira Queirós, localizada na região sul da cidade, no distrito de Socorro.

Foi criado o "Prêmio Carlota Pereira de Queirós", na Câmara de Deputados, em 2004, para as mulheres que se destacam na defesa da plena cidadania e dos direitos humanos.

Infograma nº. 3: Uma mulher negra na Constituinte de 1933/1934

Almerinda Farias Gama nasceu em 16 de maio de 1899, em Maceió (AL). Era filha de José Antônio Gama e Eulália da Rocha Gama. Na infância, com 8 anos de idade, em 1907, foi levada para o Pará, para viver com sua tia. Trabalhou como datilógrafa, escreveu crônicas publicadas no Jornal "A Província". Casou-se, teve um filho que morreu ainda criança. Seu marido morreu de tuberculose no ano de 1926. Em 1929, mudou-se para o Rio de Janeiro onde se formou advogada.

Foi presidente do Sindicato dos Datilógrafos e Taquígrafos. Passou a ter uma atuação política e se envolveu com o movimento feminista, sendo uma das integrantes do movimento sufragista, liderado por Bertha Lutz. Foi indicada, em 1933, como representante classista para participar dos trabalhos da Assembleia Nacional Constituinte.

A Constituinte de 1933/1934 foi composta por 253 deputados e uma deputada, sendo que 40 eram representantes classistas, eleitos pelos sindicatos legalmente reconhecidos pelo Ministério do Trabalho.

Nas eleições parlamentares, em 1934, pelo Distrito Federal, que à época se localizava na cidade do Rio de Janeiro, Almerinda se candidatou à deputada. O panfleto que a apresentava, como candidata, dizia que ela era "advogada consciente dos direitos das classes trabalhadoras, jornalista combativa e feminista de ação". Ela não foi eleita mas continuou sua participação na política por algum tempo, chegando a ser dirigente do Partido Socialista Proletário do Brasil que foi fechado com a instauração da ditadura Vargas (Estado Novo), em 1937.

A última entrevista pública que deu foi feita em 1992. Ela morava numa área suburbana do Rio de Janeiro. Foi uma das poucas mulheres negras que teve destaque na luta sufragista. Faleceu em 31 de março de 1999, na cidade de São Paulo.

Fontes

SCHPUN, Mônica Raisa. Entre feminino e masculino: a identidade política de Carlota Pereira de Queiroz. *Cadernos Pagu*, 12, 1999. (pp.331-377)

SCHUMAHER, Schuma & BRAZIL, Érico Vital. *Dicionário de Mulheres do Brasil: de 1500 até a atualidade*. Rio de Janeiro: Jorge Zahar Editor, 2001.

TICIANELI. Trajetória da sufragista negra: Almerinda Farias Gama. *História de Alagoas*, 8 de março, 2021.

8. Ana Rosa Kucinski Silva (1942-1974): professora da USP

A professora da Universidade de São Paulo que se tornou vítima de desaparecimento forçado durante a ditadura militar (1964-1985).

Ana Rosa Kucinski Silva nasceu em 12 de janeiro de 1942 em São Paulo, filha de Ester e Majer Kucinski. Seus pais eram judeus vindos da Polônia.

Foi uma mulher que lutou contra a ditadura. Foi sequestrada pelos agentes do estado, vinculados à repressão, torturada e assassinada. Teve seu corpo ocultado e, até os dias de hoje, não se sabe onde foi depositado pelos agentes da ditadura. É uma das desaparecidas políticas do período da ditadura militar (1964-1985).

Estudou em escola pública, no Ginásio Estadual Octávio Mendes e, posteriormente, na Universidade de São Paulo (USP), onde bacharelou-se em química em 1967. Tornou-se professora no Instituto de Química da USP. Obteve Doutorado em Filosofia também na USP, em 1972. Casou-se com o físico Wilson Silva, em 11 de julho de 1970.

Ambos eram militantes políticos contra a ditadura militar e pertenciam a ALN - Ação Libertadora Nacional, uma das organizações políticas revolucionárias da época que atuavam no movimento de resistência em defesa de justiça social, por liberdades políticas e democracia.

Durante a ditadura militar (1964-1985) era frequente a prisão ou sequestro de militantes políticos. De um modo geral, eram torturados. Alguns eram assassinados. No ano de 1974, a repressão política passou a adotar de forma massiva o "desaparecimento forçado" de militantes políticos. Sequestravam, torturavam, matavam e ocultavam os corpos. Foi o que aconteceu com o casal Ana Rosa Kucinski Silva e Wilson Silva.

No dia 22 de abril de 1974, Wilson saiu do escritório da empresa Servix (localizada na Av. Paulista) com Osmar Miranda Dias, seu colega de trabalho, para fazer um serviço no centro da cidade. Por volta do meio-dia, Wilson disse ao colega que voltaria para o escritório na parte da tarde, mas iria antes almoçar com sua esposa em um restaurante perto da Praça da República. Despediu-se e partiu ao seu encontro. Nunca mais foi visto.

Naquele mesmo dia, Ana Rosa deu aulas e saiu para o centro da cidade encontrar com seu marido para o almoço. Avisou os colegas de trabalho que voltaria mais tarde. Não voltou.

Os colegas estranharam a ausência de Ana Rosa e avisaram à família Kucinski. Ao procurarem Wilson em seu trabalho, ficaram sabendo que ele também não voltara do almoço. Começaram a tomar providências para a localização do casal desaparecido.

Impetraram um *habeas corpus* (medida jurídica que protege o direito de localizar a pessoa presa) por intermédio do advogado Aldo Lins e Silva (1920-2010). A medida foi rejeitada, pois o AI-5 (Ato Institucional nº. 5, decretado em 13 de dezembro de 1968) havia abolido o direito ao *habeas corpus* para presos políticos.

As famílias procuraram em todos os locais de prisão na esperança de alguma notícia ou informação, mas nada conseguiram.

O cardeal Arcebispo de São Paulo, D. Paulo Evaristo Arns (1921-2016), conseguiu uma audiência com o general Golbery do Couto e Silva (1911-1987), chefe da Casa Civil do governo do General Geisel (1907-1996), em Brasília (DF) em 7 de agosto de 1974, e obteve promessas de investigação como resposta.

Golbery também foi procurado a respeito por Roberto Muller, editor do jornal "Gazeta Mercantil", onde o irmão da Ana Rosa trabalhava. A Comissão de Direitos Humanos da OEA (Organização dos Estados Americanos) também foi acionada. O pedido de investigação, feito em 10 de dezembro de 1974, obteve como resposta do governo brasileiro apenas que não havia responsabilidade governamental alguma sobre o destino do casal.

O pai de Ana Rosa lutou incansavelmente para obter alguma informação e chegou a entregar uma carta ao general Dilermando Gomes Monteiro (1913-1994), comandante do II Exército, mas este nunca a respondeu. As famílias pediram informações ao Departamento de Estado do governo norte-americano sobre o destino dado ao casal, que respondeu por meio da *American Jewish Committee* e do *American Jewish Congress*. A resposta recebida foi a de que Ana Rosa ainda estaria viva, presa em local desconhecido, mas sobre Wilson Silva nada sabiam. A última informação do Departamento de Estado foi transmitida à família em 18 de dezembro de 1974.

Em 6 de fevereiro de 1975, respondendo a requerimento feito pelos familiares sobre o paradeiro dos desaparecidos políticos, o ministro da Justiça da época, Armando Falcão (1919-2010), publicou nota oficial a respeito, na qual os nomes de Ana Rosa e Wilson Silva são citados como "terroristas foragidos".

Anos depois, o tenente-médico Amílcar Lobo (1939-1997), que colaborou com o DOI-CODI do I Exército e atuou também no aparelho clandestino de extermínio do período da repressão, conhecido como "Casa da Morte", em Petrópolis (RJ), após ser identificado por ex-presos políticos, resolveu falar à revista IstoÉ. Na matéria intitulada "Longe do Ponto Final" (8 de abril de 1987), contou sobre os assassinatos que presenciara na unidade militar e na Casa da Morte.

Procurado pelo jornalista Bernardo Kucinski, irmão de Ana Rosa, em 31 de maio de 1987, o médico reconheceu a foto de Wilson Silva como uma das pessoas atendidas por ele na Casa de Petrópolis. Ao ver a foto de Ana Rosa, negou conhecê-la. O relatório do Ministério da Marinha enviado ao ministro da Justiça, Maurício Corrêa (1934-2012), em dezembro de 1993, confirma que Wilson Silva "foi preso em São Paulo a 22/04/1974, e dado como desaparecido desde então". Sobre Ana Rosa há apenas referências caluniosas, estendidas também a seu irmão, o escritor Bernardo Kucinski.

Pesquisas realizadas pela Comissão de Familiares de Mortos e Desaparecidos Políticos nos arquivos do antigo DOPS/SP (órgão público de repressão, extinto em 1983) conseguiram localizar apenas uma ficha sobre Ana Rosa, em que se lê: "presa no dia 22 de abril de 1974 em SP". Sobre Wilson Silva consta que foi "preso em 22/04/1974, junto com sua esposa Rosa Kucinski". Outro documento encontrado no arquivo do DOPS/SP, produzido pelo Ministério da Aeronáutica em 17 de março de 1975, encaminhando, entre outros documentos, o relatório do Serviço de Informação do DOPS/SP sobre Ieda Santos Delgado (nascida em 1945 e desaparecida política em 1974, advogada e moradora do Rio de Janeiro) e Ana Rosa Kucinski, informa que ambas estavam envolvidas com pessoas presas ou perseguidas pela polícia.

Em requerimento à Comissão Especial de Mortos e Desaparecidos Políticos, com base em informações de uma entrevista não publicada, realizada em 1993 com o agente da repressão José Rodrigues Gonçalves, pela jornalista Mônica

Bérgamo da revista Veja, o irmão de Ana Rosa, Bernardo Kucinski, prestou os seguintes esclarecimentos sobre as tentativas de localizar a irmã e o cunhado:

> Minha irmã e seu marido Wilson Silva foram presos na tarde do dia 22 de abril de 1974, pelo agente do DOI-CODI de codinome Paulo da Silva Júnior, quando voltavam para sua residência. O verdadeiro nome desse agente é José Rodrigues Gonçalves, cabo reformado do Exército. Minha irmã e meu cunhado foram levados na madrugada do mesmo dia para Petrópolis pelo capitão do Exército, Ênio Pimentel da Silveira, juntamente com o policial Sérgio Paranhos Fleury, ambos já mortos. O Sr. Paulo Sawaya, na condição presumida de agente do serviço de repressão, informou-me, em 3 de janeiro de 1975, que minha irmã efetivamente havia sido presa pelos órgãos de segurança em São Paulo e transferida da jurisdição do II Exército. Ficou de me dar detalhes no dia seguinte, quando, assustado, negou tudo. O Sr. Paulo Sawaya tornou-se assessor do deputado federal Delfim Neto. (Kucinski, 1996)

Bernardo Kucinski declarou, também à revista Veja, que a família foi extorquida em 25 mil cruzeiros (moeda vigente na época) em troca de informações, que se mostraram falsas.

De acordo com a entrevista de Marival Dias Chaves do Canto, ex-sargento e ex-agente do DOI-CODI/SP (centro de tortura e extermínio de militantes políticos), em reportagem do jornalista Expedito Filho na revista Veja, de 18 de novembro de 1992: "A partir de 1973, Jota [João Henrique Ferreira de Carvalho] delatou todos os comandos da ALN."

Na entrevista, ele afirmou: "Foi o caso também de Ana Rosa Kucinski e seu marido, Wilson Silva. Foram presos em São Paulo e levados para a casa de Petrópolis. Acredito que seus corpos também foram despedaçados". De acordo com o ex-sargento, na Casa de Petrópolis a prática de ocultação dos corpos era executada por esquartejamento.

Os nomes de Ana Rosa e Wilson constam da lista de desaparecidos políticos do anexo I da Lei nº 9.140/95. Na Comissão Especial de Mortos e Desaparecidos Políticos (CEMDP), seus casos foram protocolados com os números 036/96 e 178/96, respectivamente.

Em homenagem a Ana Rosa Kucinski e Wilson Silva, seus nomes foram dados a ruas na cidade de São Paulo. A cidade do Rio de Janeiro também deu o nome de Ana Rosa a uma de suas ruas. Ana Rosa foi homenageada ainda com a criação da Associação Atlética Acadêmica Ana Rosa Kucinski (AAAARK) do Instituto de Química da Universidade de São Paulo, em 15 de junho de 1988, pelos ex-diretores esportivos do Centro de Estudos Químicos Heinrich Rheinboldt.

No site da associação, há o seguinte depoimento de um de seus colegas:

> Numa manhã de trabalho habitual, Ana Rosa não apareceu. Procurada não a encontramos. Continuava não aparecendo, continuávamos a procurá-la e não a encontrávamos. Nada mais normal que comunicar então o fato às autorida-

> des e aguardar a versão oficial. Daqui para frente é difícil continuar a história. Não houve versão oficial que nos deixasse tranquilos, muito pelo contrário, ficamos mais intranquilos ainda. Ana Rosa continua desaparecida. Quem sabe um dia, pelo menos seu corpo apareça para a última homenagem dos seus pais, irmãos e amigos.

A Comissão da Verdade do Estado de São Paulo "Rubens Paiva" foi uma comissão de caráter extraordinário que funcionou de 10 de fevereiro de 2012 a 13 de março de 2015. Dentre as audiências realizadas, foram várias sobre o caso de Ana Rosa Kucinski. A Comissão da Verdade do Estado de São Paulo encaminhou, junto com a Comissão Nacional da Verdade (órgão público criado pela Lei nº 12.528/2011), requerimento ao reitor da USP, João Grandino Rodas, e ao diretor do Instituto de Química da USP, Fernando Rei Ornellas, com pedido de revisão da demissão da docente Ana Rosa Kucinski, ocorrida em 1975, sob a alegação absurda de abandono de emprego.

O nome de Ana Rosa foi incluído na lista oficial das 136 pessoas que teriam desaparecido em razão de participação, ou acusação de participação, em atividades políticas, entre 02/09/61 a 15/08/79, e que por este motivo tenham sido detidas por agentes públicos, achando-se, desde então, desaparecidas, sem que delas haja notícias.

Depois de 20 anos do desaparecimento, o Estado brasileiro, finalmente, passava a reconhecer expressamente sua responsabilidade. No entanto, na USP, a versão oficial não reconhecia que tinha ocorrido o desaparecimento forçado de Ana Rosa.

Um processo instaurado pela Reitoria em 1974, sob o nº 174.899, pleiteava a rescisão do vínculo de Ana Rosa "por abandono de função", hipótese prevista no inciso IV do art. 254 do Regimento da Universidade de São Paulo. Passados dezenove meses do desaparecimento de Ana Rosa, a Congregação do Instituto de Química reuniu-se em sua 46ª reunião mensal, no dia 23 de outubro de 1975. Na pauta, encontrava-se esse pedido de desligamento de Ana Rosa por parte da Reitoria, tendo sido aprovada a demissão da professora decorrente do "abandono de função" por treze votos favoráveis e dois votos em branco. Dois dias depois, o desligamento da professora foi publicado no Diário Oficial, por ato do senhor governador do Estado, Paulo Egydio Martins (1928), conforme relato de seu irmão Bernardo Kucinski no livro K. (2012).

Diante desses fatos, considerando as competências e as atribuições legais da Comissão Nacional da Verdade, previstas na Lei nº 12.528, de 18 de novembro de 2011, bem como as da Comissão da Verdade do Estado de São Paulo, previstas na Resolução nº 879 de 10 de fevereiro de 2012 da Assembleia Legislativa do Estado de São Paulo, referidas Comissões

> requerem respeitosamente à Congregação do Instituto de Química, em relação ao caso da Ana Rosa Kucinski, que reveja sua decisão anterior que considerou, neste caso, a configuração de um "abandono de função". É necessário consagrar uma nova versão da história mais condizente com os fatos e

> com a dignidade dessa jovem professora, comprometida com uma universidade mais democrática e uma sociedade mais justa, pelo que reiteramos pedido encaminhado a esse r. Colegiado pelo Fórum Aberto pela Democratização da USP, no dia 7 de agosto de 2012. Essa medida simbólica certamente será de inestimável valor para o direito à verdade e à memória histórica em nosso país. (Comissão da Verdade, 2015 - Anexo 002 do Processo Ana Rosa Kucinski)

O evento ocorreu no dia em que a Comissão da Verdade do Estado de São Paulo "Rubens Paiva" assinou termo de cooperação com a Comissão Nacional da Verdade. (Comissão da Verdade, 2015 - Anexo 017 do Processo Ana Rosa Kucinski)

O livro "Memórias de uma Guerra Suja", publicado em 2012, é um longo depoimento do ex-delegado da Polícia Civil do Espírito Santo – Cláudio Guerra (1941) – que afirmou ter participado da incineração de corpos de presos políticos na Usina Cambahyba em Campos (RJ), a qual pertencia ao ex-deputado federal e ex-vice-governador do Estado do Rio de Janeiro, Heli Ribeiro Gomes. Segundo Guerra, Heli Ribeiro "sabia de tudo o que aconteceu na usina, mas nunca esteve nas noites da cremação". Sobre Ana Rosa Kucinski e Wilson Silva ele detalhou:

> Eu me lembro muito bem do casal, Ana Rosa Kucinski e Wilson Silva, por conta de um incidente no caminho entre a rua Barão de Mesquita (onde ficava o DOI-Codi/RJ) e a usina. Eu e o sargento

> Levy, do DOI, fomos levar seus corpos. Os dois estavam completamente nus. A mulher apresentava muitas marcas de mordida no corpo, talvez por ter sido violentada sexualmente. O jovem não tinha as unhas da mão direita. Tudo levava a crer que tinham sido torturados. Não havia perfuração de bala neles. Quem morre de tiro não sofre. Morte por tortura é muito mais desumano. Eu não prestava muita atenção nos cadáveres que transportava. Até porque eles nos eram entregues dentro de um saco. O problema é que, quando estávamos indo do Rio em direção a Campos, já quase chegando lá, bem naquela reta da estrada, o Chevette que viajávamos simplesmente pegou fogo. Os corpos do casal não tinham sido afetados pelo incêndio do carro. O que fizemos? Simplesmente saímos do veículo. Naquela época não havia celular, era tudo mais difícil. O sargento Levy pegou carona até um telefone público, ligou para a usina [Usina Cambahyba] e eles vieram nos resgatar na estrada [...] (Guerra, 2012, pp. 55-57).

A Comissão da Verdade realizou audiência pública, no dia 29 de outubro de 2013, novamente sobre o caso de Ana Rosa Kucinski. O evento aconteceu no Instituto de Química da USP, no espaço apelidado de "Queijinho", quando novamente foi reivindicada a revisão da demissão da docente Ana Rosa Kucinski. Num auditório lotado, foram apresentados os casos de Wilson Silva, marido de Ana Rosa e desaparecido no mesmo dia que ela, e Issami Nakamura Okano (desaparecido em 14 de maio de 1974) que também trabalhava naquele Instituto de Química da USP.

No dia 22 de abril de 2014, representantes do Instituto de Química, em evento público, pronunciaram-se publicamente pela anulação da demissão de Ana Rosa Kucinski, reconhecendo todas as atrocidades apuradas que a professora sofreu no período da Ditadura. Em nota, a Comissão da Verdade "Rubens Paiva" assim se manifestou:

> A Comissão Estadual da Verdade Rubens Paiva manifesta imensa satisfação pela reparação feita pela Congregação do Instituto de Química da USP à professora Ana Rosa Kucinski Silva, sequestrada pelo CIE – Centro de Informações do Exército, em 1974, e desaparecida desde então. O crime da ditadura cresceu de tamanho quando Ana Rosa foi declarada por aquela instância como demitida por abandono de emprego, quando todos sabiam de seu sequestro junto com seu marido, o físico Wilson Silva. A Comissão da Verdade da USP – Universidade de São Paulo – analisou, reviu o caso e solicitou a retificação por parte da atual Congregação do Instituto de Química. A presidente em exercício, Professora Janice Theodoro, na ausência do seu Presidente, Professor Dalmo de Abreu Dallari, fez veemente defesa da anulação da medida dos tempos da ditadura e, por decisão unânime, a Congregação anulou a decisão anterior e aprovou também um pedido de desculpas formal à família de Ana Rosa. O irmão da professora desaparecida, Bernardo Kucinski, recebeu a comunicação da decisão e o pedido formal de desculpas das mãos do diretor da Congregação do Instituto, [professor Luis Henrique Catalan]. (Comissão da Verdade, 2015 - Anexo 018 do Processo Ana Rosa Kucinski)

Na tarde do dia 22 de abril de 2014, foi inaugurado um monumento em homenagem à Ana Rosa Kucinski Silva no Instituto de Química. A data marcou os 40 anos do sequestro e desaparecimento dela e do seu marido Wilson Silva.

"Ana Rosa foi docente deste Instituto. A violência contra ela, que também foi uma violência contra este instituto e contra esta universidade, não deve jamais ser esquecida", afirmou o professor Luis Henrique Catalan, diretor da Congregação do Instituto de química da USP.

Infograma nº. 4: Mulheres contra a ditadura

As organizações políticas que lutaram contra a ditadura foram duramente atingidas pela repressão. Suas direções foram eliminadas. Homens e mulheres sofreram a repressão. Assim como os homens, houve mulheres sequestradas, torturadas, estupradas, assassinadas e vítimas do desaparecimento forçado, cujos corpos não foram entregues aos seus familiares para um sepultamento digno.

O Projeto Brasil Nunca Mais, conduzido pelo Cardeal Paulo Evaristo Arns e Reverendo Jaime Wright em São Paulo (1983) analisou os casos de 7.367 militantes processados pela justiça militar, e desses 12% eram mulheres.

O Estado Maior do Exército fez um levantamento de presos políticos que se encontravam nos quartéis, num determinado momento do ano de 1970. Concluiu que havia por volta de 500 militantes. Desse total, 56% eram estudantes, com idade média de 23 anos, 26% eram mulheres. No Araguaia, região onde houve um movimento guerrilheiro, entre 1972 e 1975, dos 70 militantes, 17% eram mulheres. Muitas delas negras, como Helenira

Rezende de Souza Nazareth, Dinalva Teixeira e Lúcia Maria de Souza.

As cifras sobre a participação política das mulheres na luta contra a ditadura são expressivas para uma época em que a política era proibida para homens e mulheres.

Fontes

IEVE/COMISSÃO DE FAMILIARES DE MORTOS E DESAPARECIDOS POLÍTICOS. *Dossiê Ditadura: Mortos e Desaparecidos Políticos no Brasil (1964-1985)*, São Paulo: Imprensa Oficial, 2009.

KUCINSKI, Bernardo. *K*. São Paulo: Editora Expressão Popular, 2012.

TELES, Maria Amélia de Almeida. *Breve História do Feminismo no Brasil e outros ensaios*. São Paulo: Alameda, 2017.

9. *Benedita da Silva (1942 -): a favelada, negra na política*

Benedita da Silva foi a primeira mulher negra que se tornou deputada constituinte, nos anos de 1987/1988. Além de ter sido a primeira mulher negra a ser Senadora da República Federal do Brasil. Em 1994, ela foi eleita para o Senado, com mais de 2 milhões e quatrocentos mil votos.

Benedita Souza da Silva Nascimento nasceu em 11 de março de 1942 no Rio de Janeiro. Sua mãe era lavadeira, Maria da Conceição, conhecida como D. Ovida e seu pai, José Tobias, pedreiro e lavador de carro. Na época de seu nascimento, a família morava na Favela Praia do Pinto (Leblon), que foi totalmente destruída por um incêndio. No seu lugar foi construído o condomínio residencial "Selva de

Pedra". Benedita era, então, uma recém-nascida quando sua família teve que se mudar às pressas para o Morro do Chapéu Mangueira, no Leme, onde foi criada e vive até hoje.

Bené, como sempre foi chamada, é de uma família de 14 irmãos. Todos tinham que trabalhar, trazer algum dinheiro para a casa. Bené vendeu limão e amendoim, foi empregada doméstica, operária fabril e entregava roupa lavada e passada por sua mãe, que tinha dentre os seus clientes, a família de Juscelino Kubitschek.

Aos 26 anos passou a fazer parte da Assembleia de Deus, da qual participa até os dias de hoje.

Nas décadas de 1960-1970, sob a ditadura militar, as mulheres moradoras do morro do Chapéu Mangueira se reuniam para fazer a defesa dos filhos e demais moradores. O movimento acabou se tornando um Departamento Feminino da Associação de Moradores. Na retomada do movimento feminista, em 1975, a Associação buscou as mulheres do Centro da Mulher Brasileira (RJ) para um trabalho conjunto. Assim, Benedita da Silva passou a fazer parte do movimento feminista. Teve atuação no Departamento Feminino do Comitê de Favelas.

Ela percebeu que precisava estudar. Fez o Curso de Serviço Social, o qual terminou em 1982. Ficou viúva do seu primeiro marido, Nilton Adano da Silva, com quem teve dois filhos. Casou-se novamente com Aguinaldo Bezerra dos Santos, o Bola, conhecido líder comunitário carioca, que morreu em 1988. Em 1992, casou-se com Antônio Pitanga, ator e político.

Desde 1982, quando lançou sua candidatura para vereadora, teve como sua base social o movimento de mulheres negras, aquelas da bica d'água, empregadas domésticas, mulheres que carregavam a lata d'água na cabeça. Foram essas mulheres que a escolheram como candidata para o parlamento e fizeram sua campanha.

Bené contou que quando chegou à tribuna, pela primeira vez:

> minhas pernas tremiam, não sabia como começar a falar algo. E olha que eu era pentecostal e já estava acostumada a pregar para o público. Quando fui fazer meu juramento, no primeiro dia de vereadora, eu falei na tribuna: 'Eu, mulher negra e favelada, prometo...'. Em seguida alguém gritou: 'Demagoga'. Aí eu decidi fazer uma tribuna popular e levar toda a mulherada que desceu o morro para ocupar a tribuna do Parlamento. (Silva, 2020)

Sua eleição vitoriosa, em 1982, para vereadora na cidade do Rio de Janeiro, foi uma conquista inusitada.

> Eu trago comigo o legado da minha mãe, mulher negra, analfabeta, mãe de santo, parteira e gostava da política. Com ela aprendi a gostar da política. No meu primeiro mandato, trouxe as mulheres da comunidade, a Lélia Gonzalez e a Hildésia, duas professoras universitárias que me ensinaram a falar, a abrir a boca. Eu não tinha a militância no movimento negro, eu só militava com as mulheres negras. Elas me ensinaram

> a fazer essa articulação. Elas eram uma parceria gigante. (Silva, 2020)

Eu conheci Benedita da Silva, em 1983, em São Paulo, num debate sobre a questão racial e a democracia no Teatro "Ruth Escobar". Na época, ela era vereadora no Rio de Janeiro. Seu discurso já trazia a necessidade de se colocar na centralidade a questão do racismo para que se alcançasse, de fato, a democracia. Isso me impressionou de forma bastante positiva. Aqui em São Paulo, não havia nenhuma vereadora negra. E não havia nenhum parlamentar que colocasse com ênfase a necessidade do enfrentamento do racismo.

Depois, vou encontrá-la novamente na Constituinte (1986-1988). Na ocasião, ela mostrou sua capacidade de articular com forças políticas divergentes, sem perder sua altivez e seus princípios.

Na época, eu fui escolhida pelo movimento feminista para fazer a defesa da Emenda Popular nº 65, a mais polêmica, pois tratava explicitamente do direito ao aborto associado à ampliação de garantias para o exercício da maternidade e o direto à saúde integral para as mulheres. A defesa foi feita em 26 de agosto de 1987, no Congresso Nacional, sob protestos de parlamentares, homens e mulheres, contrários ao direito de as mulheres decidirem sobre ser ou não mães.

Benedita da Silva é evangélica e, devido às suas convicções religiosas, contrária à legalização do aborto. Mas apoiou o movimento feminista na defesa do direito de decidir, afirmando que cabe apenas à consciência de cada mulher o que fazer. Nunca irei esquecer da sua acolhida à minha apresentação. Dessa forma ela defendeu o direito do movimento feminista de apresentar a referida emenda popular. Ninguém pode interferir no direito das mulheres de decidir, ela concluiu. Ela, desde seus primeiros dias na política parlamentar, soube respeitar os espaços e ter uma postura em defesa de um estado laico.

Outro episódio marcante, ocorrido na Constituinte, foi sua participação na Subcomissão dos Negros, Populações Indígenas, Pessoas Deficientes e Minorias. Na instalação da Subcomissão, um representante do Movimento Negro reclamou de se ter um mesmo espaço para se tratar de tantos temas e até de minorias como "homossexuais". Benedita da Silva ergueu sua voz em defesa da igualdade, respeitadas as diferenças:

> Eu conheço negros homossexuais, eu conheço negros deficientes, eu conheço negros de toda sorte que possa haver neste nosso país. E quando estamos tratando dos homossexuais, das minorias, dos deficientes, nós estamos tratando da questão racial. (...) Então é muito importante que nós possamos também levar em conta que deve ser muito difícil, além de ser deficiente, ser negro, ser homossexual neste País, que têm seus direitos usurpados sem poderem exercer a cidadania plena. (Silva, 1987, pp. 75-77)

Em 1991, foi uma das proponentes da Comissão Parlamentar de Inquérito (CPI) para investigar o extermínio de crianças e adolescentes no Brasil. Na mesma legislatura, presidiu outra CPI que investigou a esterilização em massa das mulheres no país, cujo relatório final concluiu que mais de 7,5 milhões de mulheres encontravam-se esterilizadas sendo que a maioria era pobre e negra. A CPI recomendou a aprovação do projeto de lei para o planejamento familiar bem como a implantação do programa de assistência integral à saúde da mulher.

Além de ter sido a primeira mulher negra a ocupar o cargo de deputada federal constituinte, chegou a ser vice-governadora do Estado do Rio de Janeiro e a primeira senadora negra no Brasil. Atualmente ela é deputada federal.

O tempo em que eu mais convivi com a Bené foi no período da constituinte. Ela trouxe para o espaço da constituinte as mulheres negras e as trabalhadoras domésticas, que ocuparam aquele lugar para lutar pelos seus direitos. Embora as empregadas domésticas não tenham conseguido a igualdade formal de direitos como as demais categorias de trabalhadores/as (o que só foi efetivado em 2015), elas conquistaram alguns direitos importantes como salário mínimo, irredutibilidade salarial, 13º salário, repouso semanal, férias anuais remuneradas, licença à gestante, sem prejuízo do emprego e do salário por 120 dias, entre outros.

Em agosto de 2020, a deputada federal, Benedita da Silva, a primeira mulher negra a ocupar uma cadeira no parlamento federal, em 1987, na Constituinte, conseguiu convencer o Tribunal Superior Eleitoral (TSE) a obrigar os partidos políticos a reservarem aos negros e às negras a mesma proporção em dinheiro do fundo eleitoral e tempo de TV e Rádio, destinados aos/às candidatos e candidatas brancos. O que deverá ocorrer a partir das eleições de 2022.

Nas eleições municipais de 2020, ela se candidatou à Prefeitura do Rio de Janeiro. Sua preocupação principal era governar para toda a população independentemente da religião ou fé que cada um professe ou acredite. "Pretendo governar a cidade com respeito à Constituição Federal de 1988."

Fontes

SANTOS, Natália Neris da Silva. *A voz e a palavra do movimento negro na Assembleia Nacional Constituinte: um estudo das demandas por direitos.* Dissertação de Mestrado. Fundação Getúlio Vargas, São Paulo, 2015.

SILVA, Benedita da. Reunião da Subcomissão dos Negros, Populações Indígenas, Pessoas Deficientes e Minorias, Atas, 28 de abril, 1987. (pp. 75 a 77)

10. Lélia Gonzalez (1935-1994): feminismo negro intersecional!

Lélia foi uma das primeiras mulheres negras a aplicar no dia a dia o conceito de interseccionalidades (tratamento político do sexismo, racismo e classes sociais).

Lélia Gonzalez nasceu e foi batizada como Lélia de Almeida, no dia 1º de fevereiro de 1935, em Belo Horizonte, Minas Gerais. Sua mãe, Urcinda Serafim de Almeida, uma indígena analfabeta, trabalhava como empregada doméstica. Seu pai, Acácio Joaquim era um ferroviário negro. Tiveram 18 filhos.

Um dos seus irmãos era jogador de futebol famoso, Jaime de Almeida. Jogava no Clube Atlético Mineiro. No início da década de 1940, Jaime foi convidado para jogar no Clube de Regatas Flamengo, no Rio de Janeiro. Seu pai já havia falecido. Com Jaime, mudou-se, então, toda a família para o Rio, a mãe e os demais filhos.

Lélia era a décima sétima de dezoito filhos. Nasceu na pobreza. Segundo ela própria dizia, sua pele era marrom avermelhado e escuro e, por isso, era considerada preta; o que por si determinaria seu lugar desolador, assim como o da grande maioria das mulheres negras e indígenas em nosso país.

Sua mãe, segundo Lélia, "não era instruída, mas era muito forte e corajosa. Nós fomos impregnados de história e cultura negra." (Gonzalez, 2020, p. 262)

Quando sua mãe morreu em 1967, Lélia manifestou seu reconhecimento pela importância dela na sua formação. Ela, então, voltou às suas raízes e percebeu o quanto sua mãe havia contribuído para seu crescimento social, político e intelectual.

> E me parece muito importante eu chamar a atenção para essa figura, a figura de minha mãe, porque era uma figura do povo, uma mulher lutadora, uma mulher inteligente, com uma capacidade muito grande de percepção das coisas e que passou isso para mim ... que a gente não pode estar distanciado desse povo que está aí, senão a gente cai numa espécie de abstracionismo muito grande, ficamos fazendo altas teorias, ficamos falando de abstrações [...] Enquanto o povo está numa outra, está vendo a realidade de uma outra forma. (Gonzalez, 1994, p. 383).

O irmão de Lélia, Jaime de Almeida, como jogador do Flamengo, viajava pelo mundo e na volta lhe trazia alguma lembrança ou um presente. Isso despertou nela a vontade de conhecer o mundo.

Ao lado disso, Lélia teve oportunidade de estudar. Graduou-se em história e filosofia. Tornou-se professora de escola pública e pesquisadora junto ao Departamento de Sociologia e Política da Pontifícia Universidade Católica do Rio de Janeiro (PUC/RJ), o que não era pouca coisa. Naquela época, eram raros os não-brancos que frequentavam a escola. Ela seria uma das poucas professoras universitárias negras no Brasil.

Passou a chamar-se **Lélia Gonzalez** após ter se casado com um homem branco, espanhol, Luiz Carlos Gonzalez, falecido em 1965, cuja família nunca a aceitou. Ele foi um homem importante em sua vida. Quando ele morreu, ela decidiu adotar o seu nome, como uma forma de homenageá-lo. Foi fazer psicanálise e ali reafirmou e se aprofundou na sua negritude.

Atuou como professora, pesquisadora, tradutora. Foi filósofa, antropóloga, professora, escritora, intelectual, militante feminista e fundadora do Movimento Negro Unificado (MNU).

Lélia esteve, várias vezes, em viagem nos países latino-americanos e caribenhos, nos Estados Unidos, em países africanos e europeus. Foi a primeira mulher negra a representar o MNU no exterior. Conheceu assim repertórios feministas de diversos matizes dentro e fora do feminismo negro. Aliás, ela é a grande precursora do feminismo negro no Brasil. Conheceu o texto "Améfrica ladina", de MD Magno e, a partir daí, criou a expressão "amefricana", "amefricanidade", devido à semelhança entre as manifestações culturais praticadas em diferentes regiões das Américas:

> O legado e a forma de resistência cultural, a passagem do conhecimento ancestral de uma geração para outra e a subversão negra dos códigos da cultura dominante (religião, língua, vestuário etc.) subsidiam a cultura e a política da "amefricanidade". Uma negra diaspórica, inquieta, fora do lugar. (Gonzalez, 2020, p. 144)

Lélia questionou que se fala com ênfase da latinidade, mas silencia-se sobre a participação africana na formação dos povos das Américas.

Seu pensamento inquieto e profundo precisou criar novos vocabulários. E foi o que ela fez. Passou usar expressões populares, por exemplo, o "pretuguês" (termo, segundo ela, usado pelos africanos lusófanos) que nada mais é do que a marca da africanização no português. Daí o nosso modo de falar com diferenciações no ritmo, na tonalidade e nas expressões que compõem nosso linguajar cotidiano. Até a colocação da letra r no lugar do l, vem dos idiomas africanos que não têm a letra l. No "pretuguês" falamos Framengo ao invés de Flamengo.

Em 1978, como integrante do Movimento Negro Unificado (MNU), fez muitas palestras pelo Brasil afora, discutindo o racismo e o feminismo. Participou ativamente do Instituto de Pesquisas da Cultura Negra (IPCN). Formou o Nzinga, Coletivo de Mulheres Negras.

Foi quando eu a conheci, em 1978, num auditório lotado, da Faculdade de Arquitetura e Urbanismo da Universidade de São Paulo (FAU-USP). Ela, no palco, falava da importância da legalização do aborto. As mais atingidas pela clandestinidade do abortamento são as mulheres negras, periféricas, jovens, pobres e faveladas, ela enfatizava. Defendeu a necessidade de estarem organizadas as mulheres negras. Achei-a exuberante, carismática e bastante progressista.

Ela trouxe para o debate a necessidade de se colocar na centralidade das ações políticas o enfrentamento do racismo e do sexismo. Antecipou-se às questões conceituais do "feminismo interseccional" que mostra que temos que tratar de gênero, raça/etnia e classe indissociavelmente.

Ela participou da criação de sambas. Foi escolhida por Candeia (1935-1978), um grande sambista carioca, compositor e cantor, para representar a Escola de Samba Quilombo no lançamento do Movimento Negro Unificado contra a Discriminação Racial. Foi autora do enredo "A Revolta dos Malês" para o Grêmio Recreativo e Bloco Carnavalesco Mocidade dos Guararapes.

A inquietude de Lélia levou-a ocupar vários lugares, criar propostas e realizar intervenções, tanto na academia como na militância feminista antirracista. Morreu aos 59 anos, em 1994, vítima de infarto, no Rio de Janeiro.

Em 2019, Ângela Davis (1944 -), feminista negra estadunidense, esteve no Brasil para o lançamento de seu livro: "Uma Autobiografia", publicado originalmente em 1974, nos Estados Unidos.

Na ocasião, ela chamou atenção do público ao evocar Lélia Gonzalez. "Por que no Brasil, vocês precisam buscar essa referência (do feminismo negro) nos Estados Unidos? Eu aprendo mais com Lélia Gonzalez do que vocês poderiam aprender comigo."

Afirmou que Lélia já trazia a ideia de interseccionalidade muito antes do termo se popularizar na academia. E concluiu: "Nós dos Estados Unidos necessitamos ter acesso a essas escritas, ideias e práticas que constituem o feminismo negro brasileiro muito mais do que vocês necessitam das nossas referências."

Em março de 2020, a revista Cult publicou um artigo de Flávia Rios sobre Lélia, no qual a autora destaca o papel paradigmático de Lélia na luta contra a ditadura militar e pelo processo de recuperação da democracia.

Seu legado, portanto, se manifesta no feminismo negro, nos feminismos interseccionais, nos movimentos negros e identitários e nos seus pensamentos escritos em suas obras. Como era uma mulher à frente do seu tempo, seu pensamento é bem atual e mobilizador.

Fontes

GONZALEZ, Lélia. *Primavera para rosas negras*: Lélia Gonzalez em primeira pessoa. São Paulo/Diáspora Africana: UCPA, 2018.

RATTS, Alex & RIOS, Flávia. *Lélia Gonzalez*. São Paulo: Selo Negro, 2010.

RIOS, Flavia. Lélia Gonzalez, uma intelectual amefricana. *Cult*. 3 de março, 2020.

11. *Heleieth Saffioti (1934-2010): ousadia do livre pensar*

A primeira mulher brasileira a produzir teoria feminista na Academia!

Heleieth Iara Bongiovanni Saffioti nasceu em Ibirá (SP), em 4 de janeiro de 1934. Filha de uma costureira e de um pedreiro, veio de uma família pobre. Teve que trabalhar duro para estudar. Saiu da casa dos pais no interior do estado de São Paulo para vir para a capital, onde encontrou condições para trabalhar e estudar. Trabalhava de dia e estudava à noite. Como ela mesmo se lembrava:

> Aprendi na pele, e principalmente na alma, o significado histórico e social das discriminações de classe e de gênero. Eu tive que incinerar as cartas marcadas: como pobre, meu destino era o trabalho manual; como mulher, obedecer a um homem.

Ela descobriu que precisava ser ouvida nem que tivesse que elevar a voz. E foi o que ela fez, sempre que necessário. No segundo dia de casada, ela deixou claro para o marido: "Na minha vida, mando eu".

Casada com o professor Waldemar Saffioti (1922 -1999), teve um filho. Concluiu o curso de ciências sociais pela Faculdade de Filosofia, Ciências e Letras da Universidade de São Paulo (USP) em 1960. Seu tema de pesquisa acadêmica foi a condição feminina no Brasil, um marco teórico histórico do feminismo na universidade. Sua tese de livre docência transformou-se no livro: "A mulher na sociedade de classes: mito e realidade", publicado pela primeira vez, em novembro de 1969, pela 4 Artes Livraria. O livro é objeto de estudos até os dias atuais no Brasil, e em diversos países. Heleieth Saffioti, à frente de seu tempo, tratava das três contradições fundamentais sexo/gênero, raça/etnia e classe social, de forma pioneira. Bem antes de se falar de feminismo interseccional. Ela considerava as questões das mulheres interligadas aos demais problemas gerais da sociedade. Aposentou-se como professora titular pela Universidade Estadual Paulista de Araraquara (Unesp), mas continuou suas pesquisas e orientando pesquisadores e pesquisadoras sobre as mulheres. Participou, até sua morte, de seminários, conferências e palestras. Orientou dissertações de mestrado e teses de doutorado. Foi incorporada como pesquisadora ao Conselho Nacional de Desenvolvimento Científico e Tecnológico (CNPq), junto ao departamento de Psicologia da Universidade de São Paulo (USP). Neste Conselho, defendeu a utilização do instrumento gênero, raça/etnia e classe social para uma produção mais profunda de conhecimentos. Foi professora da PUC/SP e professora visitante da UFRJ na Faculdade de Serviço Social. Teve várias obras e artigos publicados no Brasil e fora do país.

Na cidade de São Paulo, foi criado por lei o Prêmio de Direitos Humanos das Mulheres "Heleieth Saffioti", que é entregue anualmente, no dia 22 de março.

Infograma nº. 5: Um memorial à Heleieth Saffioti

A morte de Heleieth Saffioti, no dia 14 de dezembro em 2010, nos pegou a todas e a todos de surpresa. Uma mulher perscrutadora, cheia de vida, ironia e humor, aguerrida, nos levava a pensar que viveria por mais tempo. Frágil fisicamente, mas tão forte de pensamentos e tão determinada em suas intervenções, ela nos dava esperança e segurança para mantermo-nos com dignidade na luta. Tristeza, muita tristeza: perder uma mulher assim tão audaciosa e pioneira. Gostava da política e fazia dela um debate constante, crítico, atualizado. Era tão desafiadora que não perdia oportunidade de suscitar uma reflexão crítica sobre a condição das mulheres ou de questões sociais candentes. Sua crítica bem apimentada sobre o cotidiano da política nos fará muita falta, sem dúvida nenhuma. Há muito o que falar dela, como feminista, intelectual, política, marxista, como amiga, como cidadã. Um dos aspectos a ser referenciado é sua contribuição teórica para os feminismos emergentes dos anos de 1970 e também os da atualidade. A morte de Heleieth, nossa eterna mestra, traz lembranças daqueles anos em que prevalecia o obscurantismo na vida social e política do país. A esquerda atuava na clandestinidade ou no exílio. Era um tempo de prisões arbitrárias, torturas, mortes e desaparecimentos forçados. É bom lembrar que Heleieth à época, professora da Unesp de Araraquara, visitava os presos políticos do Barro Branco (Presídio de Presos Políticos, em São Paulo).

Iniciava-se a organização de alguns grupos feministas que se reuniam para trocar experiências pessoais e políticas, mas para tratar também da situação e dos entraves políticos que se interpunham contra os movimentos, o que dificultava a vivência e a reflexão, pontos fundamentais para transformar a vida e o trabalho das mulheres. Como deixar de ser submissa, como ter direito de escolher e decidir, inclusive sobre o próprio corpo, se todo o povo vivia calado e cabisbaixo? Como enfrentar esta situação, com o intenso e constante cerco da repressão política que intimidava, censurava, humilhava e maltratava a sociedade brasileira? Os feminismos se desenvolvem nas ações coletivas de mulheres e a ditadura proibia o ajuntamento e a reunião de pessoas. Como desabrochar os feminismos, de forma isolada, reprimida e censurada?

Os feminismos dependem dos coletivos de mulheres. Nesse sentido, todas as mulheres conscientes de que devem lutar por direitos são merecedoras de serem referenciadas. Mas Heleieth foi tudo isso e mais: com sua produção intelectual, ela construiu novos marcos teóricos que ampliaram e aprofundaram as condições para o pleno desenvolvimento da sociedade com igualdade e justiça social.

As feministas que retomaram os movimentos na década de 1970, em sua grande maioria, eram originárias das organizações políticas revolucionárias. Comprometidas, com as causas populares e com a transformação da sociedade, precisavam superar os desafios impostos pela ditadura. Mas também havia a rejeição da própria esquerda que considerava o movimento feminista um desvio da luta de classes. De um modo geral, não havia um acumulo teórico sobre os feminismos. Eram escassos os materiais sobre o tema. Às vezes, chegavam papéis datilografados que continham as ideias das feministas do exterior. Tinham pouco alcance, havia dificuldade de circulação entre os grupos. Eram difíceis a reprodução e o debate sobre esses poucos textos: "A Revolução mais longa", de Juliet Mitchell ou "A mais valia do Trabalho Doméstico" de Isabel Larguia, dentre outros. Impunha-se a necessidade de conhecer as bases teóricas dos temas feministas e aprofundar os estudos e debates. Era imprescindível o apoio da esquerda. Mas como convencê-la a apoiar os feminismos emergentes?

Eram necessários novos marcos teóricos para mostrar que os feminismos não eram contrários à luta de classes (Saffioti, 2013), nem às bandeiras políticas de defesa de liberdades, programa que unificava a oposição. Como encontrar esses marcos teóricos? Onde? Com quem? É justamente neste momento, que as feministas encontram Heleieth, feminista pioneira desta onda, que já vinha antes, há quase duas décadas, desenvolvendo ideias, estudos e teses sobre a emancipação das mulheres na sociedade de classes, na área acadêmica, a despeito de todo o preconceito que colocava o assunto submerso no silêncio e na invisibilidade. Ela enfrentou, solitariamente, com coragem, competência e altivez, as críticas que lhe dirigiram as diversas forças políticas inclusive de intelectuais, que não a aceitavam, por se atrever a ser feminista, marxista e intelectual no espaço da universidade. Ela era convicta de sua postura teórica e ideológica, não abria mão de seus princípios. Sofreu também uma certa desconfiança junto aos setores progressistas da oposição.

Na sua tese de doutorado defendida em 1966 e publicada em 1969: "A Mulher na Sociedade de Classes", Heleieth demonstrou que atuar pela libertação das mulheres exige o engajamento na luta de classes. Temos que remeter a luta de emancipação feminina à luta de classes, declaração dela ao jornal Brasil Mulher, em 09/10/1975, primeiro jornal feminista desta época. Naqueles anos conturbados em que se entendiam lutas especificas e gerais como antagônicas, seus estudos definiram um rumo aos movimentos: as lutas das mulheres e as lutas de classes devem caminhar juntas e estão entrelaçadas pelo mesmo sistema de opressão e exploração.

Outra questão ainda banalizada nos dias de hoje e que sempre esteve na lista de prioridades da atuação teórica de Heleieth Saffioti foi o enfrentamento à violência de gênero. Saffioti realizou diversas pesquisas sobre o assunto e, em suas conclusões, cobrava com veemência do estado políticas públicas que reduzissem e erradicassem a violência. Demonstrou em diversos trabalhos que a violência contra as mulheres atinge as diversas classes sociais, raças e etnias. Assim, acabou por desenvolver a "teoria do nó" que serve de base para aprofundar estudos, ações e elaborar estratégias políticas para os feminismos de hoje. Trata-se da realidade social (sociedade e estado) que reúne três ordens: classe social, raça/etnia e sexo/gênero que se encontram de tal maneira imbricadas ou atadas, que não se mexe uma sem que se mexam as demais. Segundo ela, o importante é analisar essas contradições na condição de fundidas ou enoveladas ou enlaçadas em um nó. Não que cada uma destas contradições atue livre e isoladamente. No nó, elas passam a apresentar uma dinâmica especial, própria do nó. Ou seja, a dinâmica de cada uma condiciona-se à nova realidade, presidida por uma lógica contraditória (Saffioti, 2004).

Foram muitas as feministas que se inspiraram nas suas ideias e nos seus textos e assim retomaram-se os feminismos, com vigor, a ponto de transformá-los em movimentos permanentes, que vieram para ficar, multiplicar e se estender por todos os setores tanto no Brasil como no exterior.

Como muito bem escreve Fernanda Pompeu, sua biógrafa: Heleieth

> foi autora de um percurso intelectual exemplar, colecionou todos os títulos acadêmicos, sempre brigando muito. Fez história, quando em 1966, em meio a puxa-sacos da ditadura militar e da estreiteza dos acadêmicos ortodoxos, defendeu sua livre docência com um tema irreverente: 'A mulher na sociedade de classes'. Foi assim uma das pioneiras na América Latina dos Estudos de Gênero no universo acadêmico. (Charf, 2006, p. 67)

Há muito o que dizer sobre essa mulher, símbolo histórico do feminismo do Brasil e do mundo. Façamos o memorial dessa personalidade que deixa um legado teórico que beneficia a formação intelectual e política de nossas gerações e das gerações futuras.

Fontes

CHARF, Clara (org.). *Brasileiras Guerreiras da Paz*, Editora Contexto, São Paulo, 2006.

SAFFIOTI, Heleieth. *A mulher na sociedade de classes*. São Paulo: Expressão Popular, 2013.

TELES, Maria Amélia de Almeida. *Heleieth, a ousadia do livre pensar feminista*! Caros Amigos, Edição especial. São Paulo, 2010.

12. *Dilma Rousseff (1947 -): primeira presidenta do Brasil*

A primeira e única Presidenta da República do Brasil, eleita e reeleita pelo voto popular nas eleições de 2010 e empossada em janeiro de 2011 a 2014.

No segundo mandato, governou de 2015 a agosto de 2016, sendo afastada definitivamente do cargo, por meio de um *impeachment*, num processo turbulento realizado e aprovado pelo Congresso Nacional.

A primeira mulher presidenta do Brasil nasceu em 14 de dezembro de 1947. Recebeu o nome de Dilma Vana Rousseff, mas desde os primeiros dias de vida foi chamada de Dilminha. O diminutivo foi adotado por ser carinhoso e se manteve porque o nome idêntico ao da mãe, a professora primária Dilma Jane Rousseff, poderia criar confusão naquela família que vivia numa casa de classe média no bairro Carmo Sion, de Belo Horizonte.

Tanto quanto a mãe, o pai, o imigrante húngaro Pedro Rousseff, influenciou a formação cultural da menina que, já aos sete anos, começou a ler clássicos da literatura indicados por ele. O primeiro a marcar sua educação foi "Germinal", de Émile Zola.

Dilma não era apenas curiosa, também chamava atenção pela impetuosidade. Ainda criança, enfrentava o risco constante de tombos e hematomas correndo pelas calçadas do bairro numa bicicleta amarela, o melhor presente de Natal que ganhou. O atrevimento, à medida que crescia, incorporou-se ao seu temperamento. E o hábito de andar de bicicleta se mantém até hoje, agora praticado, quase todos os dias, à beira do Guaíba, o lago que banha Porto Alegre, onde vive.

Na adolescência, a vida de Dilma dividia-se entre os estudos – primeiro, no Colégio Sion, depois no Colégio Estadual Central, duas escolas conceituadas da cidade –, as diversões eram as típicas das meninas da época – bailes e sessões de cinema – e o início do contato com a cultura política que viria a transformá-la numa defensora de ideias progressistas e transformadoras.

A rebeldia precoce fez de Dilma uma lutadora. Ela entendeu desde cedo que seu destino era empenhar-se por um mundo melhor – igualitário, socialmente justo e inclusivo: numa palavra, socialista. Como ela mesma costuma dizer diante de situações penosas, nunca foi fácil e nada é fácil. Mas, com o passar do tempo e o encantamento pelo escritor mineiro Guimarães Rosa, também adotou uma frase de *Grande Sertão: Veredas*, que a representa ainda melhor: "A vida, o que ela quer da gente é coragem."

No final dos anos 1960, e ao longo da década seguinte, a ditadura militar instituída por um golpe em 1964 levou a violência do Estado a patamares devastadores, com censura à imprensa e às artes, interdição de partidos, suspensão de eleições, proibição de manifestações e repressão aos movimentos populares e sindicais. A ação política legal ficou quase impraticável e muitos jovens, homens e mulheres, engajaram-se em organizações clandestinas de oposição. Depois de participar dos movimentos de estudantes secundaristas, Dilma ligou-se a grupos de ativistas que passaram a ser perseguidos pelas forças repressivas oficiais e paramilitares que sustentavam o regime. A truculência chegou ao auge. Milhares de políticos de oposição e militantes foram expulsos do país e muitos dos que ficaram acabaram presos ilegalmente, torturados e mortos.

Dilma ficou. Foi presa pela ditadura em 1970, aos 23 anos. Passou três anos na cadeia e foi barbaramente torturada por dias e noites a fio, ao longo de três meses. Aquele foi o momento mais brutal da ditadura. Dilma e suas companheiras e companheiros de militância foram submetidos a maus-tratos lancinantes. Muitos morreram e desapareceram e alguns ainda hoje não tiveram seus corpos encontrados.

Uma fotografia daqueles tempos define tanto a época quanta a própria Dilma: numa audiência, sentada diante de seus algozes, todos fardados, ela os encara de maneira altiva enquanto eles escondem os rostos. Na imagem, fica claro de que lado está a dignidade e de que lado está a covardia. Dilma ocupava o lado certo da história.

Ao sair da prisão, Dilma se muda para o Rio Grande do Sul, para viver com o segundo marido, Carlos Araújo, com quem teve uma filha, Paula. Vida comum? Longe disso. Dilma continuou na luta pela democratização do país, agora dentro da legalidade. Participa ativamente do movimento pela anistia, ajuda Leonel Brizola a criar o Partido Democrático Trabalhista (PDT) e dá início a uma rica experiência de atividade pública: cursou Economia e, mais tarde, foi secretária municipal de Fazenda e estadual de Minas, Energia e Comunicações.

Em 2000, filia-se ao PT e, como responsável pelo setor de energia, fez do Rio Grande do Sul um dos únicos estados brasileiros a não sofrer o racionamento de luz imposto pelo governo FHC (Fernando Henrique Cardoso, Presidente da República de 1994-1998 e 1998-2002). O desempenho chamou atenção de Luiz Inácio Lula da Silva, que a convidou para participar da elaboração de seu programa para a eleição de 2002, e posteriormente fez dela ministra de Minas e Energia. Em 2005, tornou-se ministra-chefe da Casa Civil e, nesta função, comandou alguns dos projetos estratégicos mais importantes da história do país: o Luz para Todos, o Pré-Sal e o Programa de Aceleração do Crescimento (PAC), responsável por grandes obras. A essa altura, Lula já havia decidido que Dilma seria candidata à sua sucessão.

Mas a vida voltaria a testar a força pessoal de Dilma. Em 2009, antes de lançar-se candidata, descobriu que estava com câncer. Novamente a iminência da dor, do sofrimento e da incerteza, de novo a cobrança de coragem e, mais uma vez, a Dilminha que começou a vida se arriscando na bicicleta amarela teve de superar um grande desafio. Curou-se e, no ano seguinte, numa eleição em que recebeu 55,7 milhões de votos, tornou-se presidente aos 63 anos, com a responsabilidade de dar continuidade e ampliar a maior inclusão social de nossa história. Os programas que implantou, como o Minha Casa Minha Vida (2,75 milhões de moradias), Brasil Sem Miséria (22 milhões resgatados da extrema pobreza) e Mais Médicos (63 milhões de atendidos), representaram conquistas históricas.

Mas, como nada é fácil, ao mesmo tempo em que comandava um período de grande prosperidade e emancipação dos direitos das mulheres, que sempre foram o público preferencial de seus programas sociais, Dilma era alvo constante de preconceito justamente por ser mulher. A intolerância passou a sustentar o discurso dos que a ela se opunham, sobretudo porque não aceitavam uma sociedade em que os pobres, as mulheres e os negros haviam se tornado protagonistas de suas vidas, pela ação de um presidente que se orgulha de ter sido operário e de uma presidenta que se orgulha de ser mulher.

Dilma obteve um segundo mandato, reelegendo-se em 2014. Mas seu segundo governo sofreu uma sabotagem tão agressiva e o ódio ganhou tal dimensão que acabou destituída por um golpe parlamentar, por meio de um *impeachment* baseado em acusações que não se comprovaram na justiça, onde Dilma foi inocentada, mas que jogou o Brasil numa crise da qual até hoje, cinco anos depois, não conseguiu sair.

Ao deixar o governo, Dilma afirmou: "Às mulheres brasileiras, que me cobriram de flores e de carinho, peço que acreditem que vocês podem. As futuras gerações de brasileiras saberão que, na primeira vez que uma mulher assumiu a presidência do Brasil, o machismo e a misoginia mostraram suas feias faces. Mas abrimos um caminho de mão única em direção à igualdade de gênero. Nada nos fará recuar."

Dilma nunca recuou. Resistiu bravamente à nova trapaça que a vida lhe reservara. Se a tortura e a luta contra o câncer não a subjugaram, o golpe tampouco a esmagaria. Hoje, vivendo em Porto Alegre, para estar próxima da filha Paula e dos netos Gabriel e Guilherme, Dilma continua firme, lutando pela democracia e pela reconquista dos direitos que o povo perdeu desde o golpe de 2016 e da eleição de um governo de extrema-direita. A mesma força que a faz vencer, a mantém de pé nas derrotas. Se a vida quer é coragem, é com coragem que Dilma enfrenta os desafios que a vida lhe apresenta.

Fonte

O texto foi escrito pela própria Dilma Rousseff a meu pedido e enviado pelo e-mail em 13/08/2020.

13. Marta (1986 -): campeã do mundo!

Marta é a primeira brasileira jogadora de futebol profissional a ser reconhecida como a melhor jogadora do mundo.

Marta Vieira da Silva nasceu em 19 de fevereiro de 1986, na cidade de Dois Riachos, na região sertaneja do Estado de Alagoas. Hoje, conhecida, no mundo todo, como Marta, joga futebol nos Estados Unidos, no *Orlando Pride*, um clube de futebol feminino, com sede em Orlando, na Flórida. Sua equipe, desde 2016, compete no *National Women's Soccer League* (NWSL). Pela mídia internacional, é considerada a "Rainha do Futebol".

Reconhecida, em 2019, como a maior goleadora do mundo. "Isto é fantástico", como ela gosta de falar. Foi escolhida, por seis vezes, entre homens e mulheres, como a melhor jogadora do mundo.

É sensacional saber que Marta é a jogadora com o maior número de gols em copas do mundo. Em 2015, Marta já havia alcançado a marca de 110 gols, consagrando-se a maior artilheira da história da Seleção Brasileira de Futebol, incluindo homens e mulheres. Com esse número de gols, ela passou o Pelé, o Edson Arantes do Nascimento, nascido em Três Corações, MG, no ano de 1940. Considerado um dos maiores jogadores de futebol na história brasileira e do mundo, Pelé, em toda sua carreira de futebol pela seleção brasileira, fez 95 gols.

Aliás, na concepção machista, quando uma mulher é excelente em sua atuação profissional é comparada com um homem. É o caso dela. É tida, pela opinião pública brasileira, como a "Pelé" do futebol profissional feminino. Seu desempenho não tem parâmetros. Ela superou todas as marcas de jogadores e jogadoras do futebol profissional. É a única jogadora a ter seu nome na calçada da fama do Maracanã, entre 103 jogadores profissionais. Ela é a jogadora com mais prêmios que o Lionel Messi (jogador argentino, nascido em 1987, atua como atacante e joga pelo Paris Saint-Germain e pela seleção argentina) e Cristiano Ronaldo (jogador português, que atua como ponta de lança, joga no Manchester United e na seleção portuguesa, nasceu em 1985).

Desde 2015, Marta faz parte da exposição permanente "Anjos Barrocos" do Museu do Futebol, no Estádio do Pacaembu, em São Paulo. Além dela, somente a atacante Formiga está nesta exposição. A jogadora Formiga, cujo nome é Miraildes Maciel Mota, atua como volante e meia e é a única profissional a participar de 7 Copas do Mundo, como jogadora. Ela nasceu em Salvador, Bahia, em 1978.

Em 2019, Marta foi nomeada Embaixadora da ONU Mulheres, o que a faz protagonizar campanhas contra o sexismo e a discriminação de gênero. Segundo a diretora-executiva da ONU Mulheres, Phumzille Mlambo-Ngcuka: "Marta é um modelo excepcional para mulheres e meninas, em todo o mundo. Sua própria experiência de vida conta uma história poderosa do que pode ser alcançado com determinação, talento e coragem." (Pires, 2019)

Marta agradece os elogios e conta que foi criada só pela mãe, já que seu pai abandonou a família, quando ela tinha apenas um ano de idade. Sua mãe a criou, juntamente com os seus irmãos. É a única filha, é a caçula. Por ser uma menina, na infância foi impedida de jogar futebol.

Na década de 1990, em Dois Riachos, cidade com cerca de doze mil habitantes, uma menina que jogasse futebol na rua com a molecada era tratada com preconceito e discriminação. A mãe, Dona Tereza, em entrevista à TV Globo, em 31 de maio de 2019, contou que quando ela estava na rua disputando uma bola com os meninos, o pessoal a chamava de “macho-fêmea” e a própria mãe dizia que a achava um “macho” escrito. Ela não queria que a menina jogasse futebol e pedia aos seus irmãos para vigiá-la. Mas, Marta saía escondida e ia para o futebol. Nesse tempo, o futebol feminino já tinha deixado de ser proibido no Brasil.

Marta conta que o primeiro salário como jogadora profissional, na Europa, era o equivalente a três mil reais e que, até hoje, seu salário é muito aquém do dos grandes craques do futebol masculino.

> O preconceito e a falta de oportunidades já me doeram ao longo do meu caminho. Doeu quando os meninos não me deixavam jogar. Doeu quando os treinadores me tiravam dos campeonatos porque eu era apenas uma menina. Mas a minha certeza de onde eu iria chegar nunca me deixou desistir. (Pires, 2019).

Ela vai ao encontro da meta da igualdade de gênero que a ONU Mulheres pretende alcançar até 2030 incluindo a equidade salarial reivindicada pelas jogadoras de futebol.

Em 2019, ao receber o prêmio por sua atuação construtiva pela igualdade de gênero, em Nova York, por iniciativa de *Women's Sports Foundation*, ela disse emocionada:

> Coragem foi uma das palavras que eu tive de aprender muito cedo, desde o meu primeiro momento que eu escolhi fazer um esporte que para muitos era um esporte masculino. Todos os dias eu tinha que brigar com os meninos para que eles me deixassem jogar. O que me deixava mais irritada era saber que isso vinha do que eles aprendiam, os adultos passam para as crianças o que eles acreditam, as crianças seguem os exemplos dos adultos. (Eltz, 2019)

Lá pelo início da década de 1990, quem poderia imaginar que aquela menina, que nem tinha 10 anos de idade, seria um dia, a maior jogadora de futebol do mundo?

Fontes

PIRES, Breiller. A Copa do despertar feminista de Marta: "O futebol feminino depende de vocês para sobreviver". *El País*. 24 de junho, 2019.

ELTZ, Tiago. Marta recebe prêmio em Nova York pela luta por igualdade de gênero no esporte. *Ge.globo*, 16 de outubro, 2019.

Infograma no. 6: Um pouco da história do futebol no Brasil

No Brasil, o futebol foi introduzido no final do século XIX, conforme nos conta Heloisa Bhruns, em seu livro: "Futebol, carnaval e capoeira: entre gingas do corpo brasileiro". De início, era praticado por homens da elite. As mulheres das classes altas iam para o estádio apenas assistir ao futebol masculino, na condição de torcedoras. As mulheres populares, pobres, periféricas, no entanto, jogavam futebol e eram mal faladas e consideradas "grosseiras, sem classe e malcheirosas".

Chegou-se ao absurdo de proibir o futebol feminino de acordo com o Decreto-lei nº 3.199 de 1941, durante a ditadura Vargas sob alegação de que não se deve realizar "a prática de esportes incompatíveis com a natureza feminina", como o futebol e outros.

Até 1964, ano em que se instaura a ditadura militar no Brasil, as mulheres, clandestinamente, jogavam futebol sob pressão moralista e reguladora. Em 1965, o governo militar reforçou a proibição expressa e incluiu nominalmente o futebol como uma das modalidades de esportes consideradas inadequadas para mulheres pela legislação.

Aira Bonfim, historiadora e pesquisadora da Fundação Getúlio Vargas (FGV), responsável pela implementação do Centro de Referência do Futebol Brasileiro do Museu do Futebol, em São Paulo, afirma que a argumentação de médicos corroborava para a defesa de que as mulheres não poderiam jogar por que estariam sujeitas a levar cotoveladas no útero ou nos seios, o que as levariam à infertilidade e também não conseguiriam amamentar. As mulheres eram ridicularizadas, diminuídas, desvalorizadas.

Mais tarde, no Brasil, após quatro décadas de impedimento, em 1979, o decreto foi revogado. Neste período, o movimento feminista se encontrava na rua defendendo igualdade de direitos. Mulheres, jogadoras de futebol se reuniam com feministas no "Teatro Ruth Escobar", em São Paulo, para conseguirem não só a revogação da proibição, mas para terem direito à profissão devidamente regulamentada.

A pesquisadora Bonfim reclama que até hoje o legado da proibição ainda impede o desenvolvimento do futebol feminino em seu pleno potencial no Brasil, pois as atletas mulheres enfrentam remunerações menores comparadas aos atletas homens e dificuldades em conseguir patrocinadores.

> Existem mulheres que ousaram em vários âmbitos sociais, e o futebol é só mais um deles. A eficiência dele [do decreto de proibição] é nesse nível: de uma efetiva naturalização de que o futebol não é um esporte próprio para as mulheres e de que nunca foi, de que não temos História. Poucos sabem sobre a proibição. (Lima, 2018)

"Acho que esse movimento de mulheres, que querem contar histórias de mulheres, é muito frutífero para a modalidade de futebol feminino", diz Bonfim, ao saudar a iniciativa da ONU Mulheres de trazer a Marta para ser sua Embaixadora.

14. Joênia Wapichana (1974 -): primeira mulher indígena, advogada e deputada federal

Joênia Wapichana nasceu na comunidade indígena Cabeceira do Truarú, localizada na etno região Murupú, em 20 de abril de 1974, na zona rural do Município de Boa Vista, em Roraima. Pertence à etnia Wapichana, um grupo étnico aruaque. Aos 8 anos de idade, deixou a comunidade onde nasceu e mudou-se com a mãe para a sede municipal de Boa Vista. Aprendeu logo a falar o português. Eram muito pobres, o que era mais um motivo de humilhação e chacotas por parte de seus colegas de escola. Morava junto com sua mãe e seus quatro irmãos numa casa de palha. A mãe vendia banana, farinha e vinho de buriti para sustento da família. Joênia fez o ensino fundamental e depois concluiu o ensino médio. Passou a trabalhar em um escritório de contabilidade durante o dia, mas continuou os estudos. Fazia o curso de direito à noite. Formou-se em 1997, na Universidade Federal de Roraima (UFRR).

> Quando eu entrei na Universidade, passei em 5° lugar no vestibular, mesmo assim muita gente duvidava que eu fosse terminar meus estudos. A maioria dos alunos eram filhos de juízes, promotores, políticos e perguntavam para mim o que estaria fazendo ali.

A resposta foi dada com o seu trabalho. Tão logo se formou passou a ouvir as comunidades indígenas e ver o que elas mais precisavam. Em 2001, passou a coordenar um programa de capacitação e formação de lideranças indígenas do estado de Roraima. Nos cursos são ensinados os direitos fundamentais sobre saúde, educação, questões territoriais e ambientais. Coordenou o Projeto Balcão de Direitos, realizado pelo Conselho Indígena de Roraima, para facilitar o acesso do povo da aldeia a documentos como certidão de nascimento, carteira de identidade, preenchimento de formulário para fazer o pedido de salário-maternidade, auxílio doença, aposentadoria, entre outros direitos.

Fez o mestrado na Universidade do Arizona, nos Estados Unidos. Foi a única advogada indígena a usar a tribuna do Supremo Tribunal Federal (STF), a corte máxima do Brasil, para fazer a defesa da Reserva Indígena Raposa Serra do Sol.

No boletim eletrônico, sob o título "Notícias STF", de 27 de agosto de 2008, vem a notícia que entusiasmou o mundo inteiro: "Supremo ouve sustentação da advogada-índia".

> Pela primeira vez na história do Supremo, um índio sobe à tribuna para fazer uma sustentação oral. A estreia é de uma mulher: a advogada Joênia Batista de Carvalho (Joênia Wapichana), do povo Wapichana. Pouco antes de falar aos 11 ministros, ela relia os pontos do texto escrito à mão, com algumas rasuras. Ali estava a defesa dos cerca de 19 mil índios que desejam viver na área integral da Raposa Serra do Sol. (Supremo Tribunal Federal, 2008)

"Será a primeira sustentação que eu faço, e logo no Supremo", dizia a advogada, nervosa, pouco antes de chegar ao microfone. Ela conta que foi a primeira indígena a se tornar advogada no Brasil e está acostumada a fazer audiências, mas dessa vez é diferente. "Eu serei a voz dos índios na mais alta Corte do Brasil", resumiu.

Além de trabalhar no departamento jurídico do Conselho Indígena de Roraima (CIR) e na defesa de direitos de indígenas à posse de suas terras na Região Norte do país, foi a primeira presidente da Comissão de Direitos dos Povos Indígenas da Ordem dos Advogados do Brasil (OAB), criada em 2013.

Recebeu o Prêmio de Direitos Humanos da Organização das Nações Unidas (ONU) em 2018. Nas eleições de

2018, foi eleita deputada federal (2019-2022), a primeira indígena eleita deputada federal no Brasil.

No plenário da Câmara de Deputados, começa o seu discurso, dizendo "Kaimen!" que significa "Bom dia" na língua do povo Wapichana.

Mesmo orgulhosa com sua conquista de se tornar deputada federal, ela diz que nem sempre é fácil ocupar aquele espaço. São 513 deputados federais, a maioria, brancos e de terno e gravata. Ela já foi barrada duas vezes na portaria da Casa: "No primeiro dia, checaram duas vezes, se eu era mesmo deputada ou não. Mas agora eu tenho o brochinho (parlamentar) e me facilita em várias situações." No dia 8 de março, Dia Internacional da Mulher, "mais uma vez me checaram se eu era mesmo deputada" (Marques, 2019).

Ela fala que "são os valores indígenas, como a escuta e a diplomacia, que conduzem meu trabalho como parlamentar" (Castilho, 2019). Ela afirma que entrou na política por necessidade dos povos indígenas.

Na Câmara Federal, nesta legislatura (2019 - 2022) são 77 deputadas federais e apenas uma indígena.

Fontes

CASTILHO, Inês. Mulheres indígenas, raiz e tronco da luta pelo território. *Outras Palavras*. 14 de agosto, 2019.

CHARF, Clara (org.). *Brasileiras Guerreiras da Paz*: Projeto 1000 mulheres, Editora Contexto, São Paulo, 2006.

MARQUES, Marília. Dia da Mulher: 'Checaram duas vezes se eu era deputada ou não', diz 1ª indígena eleita para o Congresso. *G1*. 8 de março, 2019

SUPREMO TRIBUNAL FEDERAL. Supremo ouve sustentação da advogada-índia. *Jusbrasil*, 2008.

Infograma nº. 7: Projeto 1000 Mulheres

O Projeto 1000 Mulheres nasceu e cresceu sob o signo de vários atrevimentos. Entre eles, o de propor ao Comitê do Prêmio Nobel da Paz, sediado em Oslo, Noruega, a inscrição coletiva de mil mulheres de todo o mundo para o Prêmio Nobel da Paz", assim explicou a feminista, Clara Charf, responsável por este trabalho em nosso país. O fato é que em 2005, o Projeto 1000 Mulheres não ganhou o Prêmio Nobel pela Paz. No Brasil, 52 mulheres brasileiras foram incluídas neste Projeto. Uma das mil mulheres era Joênia que naquela época usava o nome de Joênia Batista de Carvalho. Foi quando eu a conheci pois também eu era uma das mil indicadas. Joênia nos impressionou a todas. Uma mulher de fala direta e de pouco sorriso. Cara fechada e muita responsabilidade.

15. *Lilith Cristina Passos Moreira (2000 -): ocupação das escolas públicas*

Lilith esteve entre as principais lideranças jovens na ocupação das escolas que organizaram o movimento para defesa do ensino público e gratuito.

Lilith Cristina Passos Moreira, nascida, em Osasco, município da região metropolitana de São Paulo, em 8 de julho de 2000, passou a ser uma liderança estudantil, na ocupação da E.E. Maria José, escola de ensino médio do Bixiga, bairro de São Paulo. A escola é chamada de "Mazé" pelos moradores do bairro.

Era o final de outubro de 2015, professoras e professores voltavam de uma greve sem sucesso. O governo, de forma autoritária, sem nenhuma consulta pública prévia, nem a professoras/es e nem a estudantes, anunciou o fechamento de 100 escolas.

A situação era caótica. Estudantes reclamavam da falta de uma educação de qualidade. Queriam a participação da comunidade na gestão escolar. Ao responder o apelo da comunidade escolar, com o fechamento arbitrário de escolas, foi como dar um pontapé nos estudantes. Ao invés de irem para as ruas pedir que sua escola não fosse fechada, decidiram pela ocupação da escola. Foi um movimento espontâneo. Era uma situação emergencial.

O resultado foi a ocupação de 200 escolas e reabertura do debate sobre o ensino público. O Estado estava mesmo empenhado em fechar as escolas. E daí a revolta estudantil.

“O que começou com uma reivindicação, terminou com a descoberta radical de que a educação liberta. Se o Estado não quer que sejamos donos do nosso destino, nós radicalmente combinamos ser. Ninguém acreditava que os secundaristas conseguissem impedir o governo de cometer este absurdo de fechar as escolas. Nós conseguimos de forma organizada”, comenta Lilith.

Os estudantes se dividiram em equipes. Eram responsáveis pela segurança, limpeza, alimentação e por alojamento. Havia um grupo para atender a imprensa. As decisões eram tomadas coletivamente por meio de assembleias. Montaram uma rotina de atividades com cursos públicos, aulas e palestras inclusive sobre racismo, feminismo, divisão sexual e racial do trabalho.

Muitas mães e pais apoiaram as manifestações e autorizavam seus filhos e suas filhas a pernoitarem em suas escolas.

Lilith disse "só no meio do caminho eu percebi que era uma guerra". Isso porque o governador, no final de novembro daquele ano, decidiu decretar "guerra" contra as ocupações e mandou a Polícia Militar invadir o "Mazé". Ao tentar impedir a invasão da PM. Lilith Cristina foi agredida e atingida por gás pimenta. A partir daí, estudantes foram protestar nas ruas.

As ocupações no estado de São Paulo resultaram na revogação do Decreto do governo. Foi uma grande vitória dos secundaristas.

No ano seguinte, 2016, o movimento de ocupação cresceu nas escolas e universidades de todo o Brasil devido às restrições, por parte do governo federal, de verbas para as políticas sociais inclusive na educação.

Lilith fala com muito orgulho que "as mulheres pretas brasileiras já nascem feministas. Viveram e vivem num país de escravocratas que deixou uma herança que hoje chamamos de racismo estrutural. Nós mulheres negras nunca estivemos caladas, nós gritamos há séculos. A sociedade finge que é surda. A gente sai da barriga da nossa mãe sentindo que precisa lutar pra viver. Tá no nosso leite materno, sentimos que é preciso viver, sobreviver e só com muita luta."

Lilith se apresenta como uma jovem do século XXI, negra, feminista, lutadora, atriz, integrante, atualmente do grupo de teatro ColetivA Ocupação, com o espetáculo "Quando quebra Queima". A peça teatral trata das ocupações feitas por estudantes das escolas públicas, no ano de 2015.

Fontes

Entrevista feita por mim, em 13 de julho de 2020.

SALVADORI, Fausto. Uma noite de homenagens. Câmara Municipal de São Paulo, São Paulo, 2016.

Polícia invade Mazé e agride presidente da UMES. *UBES*. 1° de dezembro, 2015. Disponível em: <https://ubes.org.br/2015/policia-invade-maze-e-agride-estudantes/>

Conclusão

Vocês acabaram de ler quinze histórias de mulheres dos séculos XIX, XX e XXI.

São histórias fantásticas, não acharam? Vocês, leitoras e leitores poderiam, com certeza, escrever muitas outras histórias de mulheres. Observem à sua volta, pesquisem e aceitem o desafio de escrever histórias de mulheres.

Não há como concluir este capítulo. Felizmente, cada dia que passa, encontramos muitas e muitas mulheres que fazem a História. É preciso que se registrem essas histórias.

Agora deixo aqui para vocês concluírem e escreverem novas histórias de mulheres que estão perto de vocês ou, quem sabe, são vocês que vão escrever suas próprias histórias?

Referências

AGÊNCIA PATRÍCIA GALVÃO. Dossiê Feminicídio, 2015. Disponível em: https://dossies.agenciapatriciagalvao.org.br/feminicidio/capitulos/o-que-e-feminicidio/

ARRAES, Jarid. Heroínas Negras Brasileiras em 15 Cordéis. São Paulo: Pólen, 2017.

ASSUNÇÃO, Sulamita Jesus e. Quebradas feministas: estratégias de resistência nas vozes das mulheres negras e lésbicas negras da periferia sul da cidade de São Paulo. Dissertação, Pontifícia Universidade Católica de São Paulo, São Paulo, 2018.

BALLAROTTI, Bruna. Violência contra meninas e adolescentes. SBMFC – Sociedade Brasileira de Medicina de Família e Comunidade, 2020. Disponível em: https://www.sbmfc.org.br/noticias/violencia=-contra-meninas-e-adolescentes/#:~:text-A%20raiz%20da%20viol%C3%AAncia%20contra,parte%20de%20meninos%20e%20homens

BHRUNS, Heloisa. Futebol, carnaval e capoeira: entre gingas do corpo brasileiro. Campinas: Papirus, 2000.

BONFIM, Aira Fernandes. Football Feminino entre festas esportivas, circos e campos suburbanos: uma história social do futebol praticado por mulheres da introdução à proibição (1915-1941). Dissertação de Mestrado. Fundação Getúlio Vargas, 2019. Disponível em: https://bibliotecadigital.fgv.br/dspace/handle/10438/28563

BOUERI, Aline Gatto. Argentina aprova legalização do aborto. Gênero e Número, 30 de dezembro, 2020. Disponível em: https://www.generonumero.media/argentina-aprova-legalizacao-do-aborto/

BRAGA, Wandrei. Exclusiva com a biógrafa Edinha Diniz. Chiquinha Gonzaga, 2005. Disponível em: https://chiquinhagonzaga.com/wp/edinha-diniz/

BRAZÃO, Analaba. Violência Contra as Mulheres. Recife: SOS Corpo – Instituto Feminista para a Democracia, 2016.

CAESAR, Gabriela. Eleição em números, G1-eleições, 29 de setembro, 2020.

CARTA DAS MULHERES AOS CONSTITUINTES. Disponível em https://www2.camara.leg.br/atividade-legislativa/legislacao/Constituicoes_Brasileiras/constituicao-cidada/a-constituinte-e-as-mulheres/arquivos/Constituinte%20 1987-1988-Carta%20das%20Mulheres%20aos%20Constituintes.pdf

CASTILHO, Inês. Mulheres indígenas, raiz e tronco da luta pelo território. Outras Palavras. 14 de agosto, 2019. Disponível em: https://outraspalavras.net/movimentoserebeldias/indigenas-e-camponesas-a-mesma-luta/

CHAKIAN, Silvia. A Construção dos Direitos das Mulheres. São Paulo: Editora Lumens Juris, 2019.

CHARF, Clara (org.). Brasileiras Guerreiras da Paz: Projeto 1000 mulheres, Editora Contexto, São Paulo, 2006.

COMISSÃO DA VERDADE DO ESTADO DE SÃO PAULO. Ana Rosa Kucinski Silva. São Paulo, 2015. Disponível em: http://comissaodaverdade.al.sp.gov.br/mortos-desaparecidos/ana-rosa-kucinski-silva

CONSELHO ESTADUAL DA CONDIÇÃO FEMININA DE SÃO PAULO. Escritoras brasileiras do passado, Calendário. São Paulo, 1985.

DAVIS, Angela. Uma autobiografia. Tradução Heci Regina Candiani. São Paulo: Boitempo, 2019.

DEL PRIORE, Maria & BASSANEZI, Carla. História das Mulheres no Brasil. São Paulo: Contexto, 2012.

DIAS, Maria Berenice. Manual de Direito das Famílias. São Paulo: Editora Revista dos Tribunais, 2007.

DINIZ, Edinha. Chiquinha Gonzaga: uma história de vida. Rio de Janeiro: Jorge Zahar Editor/IMS, 2009.

DUARTE, Constância Lima. As viagens de Nísia Floresta: memória, testemunho e história. Revista Estudos Feministas, 16(3), 2008. https://doi.org/10.1590/S0104-026X2008000300021

ELTZ, Tiago. Marta recebe prêmio em Nova York pela luta por igualdade de gênero no esporte. Ge.globo. 16 de outubro, 2019. Disponível em: https://ge.globo.com/futebol/futebol-internacional/noticia/marta-recebe-premio-em-nova-york-pela-luta-por-igualdade-de-genero-no-esporte.ghtml

ENGLER, Isabel. A primeira prefeita brasileira Alzira Soriano: o poder político coronelístico, Lages/RN, 1928. Trabalho de Conclusão de Curso. Universidade Federal da Fronteira Sul, 2019. Disponível em: https://rd.uffs.edu.br/bitstream/prefix/3503/1/ENGLER.pdf

FEDERICI, Silvia. O Ponto Zero da Revolução. Trad. Coletivo Sycorax. São Paulo: Elefante, 2019.

FONSECA, Luciana Carvalho. Direitos das Mulheres: os discursos de Sojourner Truth em Tradução. Migalhas, Ribeirão Preto, 2019. Disponível em: https://www.migalhas.com.br/coluna/migalaw-english/307474/direitos-das-mulheres--os-discursos-de-sojourner-truth-em-traducao

FÓRUM BRASILEIRO DE SEGURANÇA PÚBLICA. Anuário Brasileiro de Segurança Pública 2021, ano 15, 2021. Disponível em: https://forumseguranca.org.br/wp-content/uploads/2021/10/anuario-15-completo-v7-251021.pdf

FÓRUM BRASILEIRO DE SEGURANÇA PÚBLICA. Anuário Brasileiro de Segurança Pública 2019, ano 13, 2019. Disponível em: https://forumseguranca.org.br/publicacoes_posts/13-anuario-brasileiro-de-seguranca-publica/

FUNDACRED. O Movimento LGBTQIA+: os significados e as lutas da diversidade, FUNDACRED, 2019. Disponível em: https://www.fundacred.org.br/site/2019/11/25/o-movimento-lgbtqia-os-significados-e-as-lutas-da-diversidade/

GANZAROLLI, Marina. Estupro: Alternativas para o Sistema de Justiça diante da Ineficácia da Resposta do Estado Brasileiro às Violências Sexuais contra a Mulher. In: S. Pimentel, B. Pereira, M. de Melo (orgs), Estupro: Perspectiva de gênero, Interseccionalidades e Interdisciplinaridades. São Paulo: Lumen Juris, 2018.

GONÇALVES, Ana Maria. Um defeito de cor. Rio de Janeiro: Record, 2006.

GONZALEZ, Lélia. Lélia fala de Lélia. Homenagem a Lélia Gonzalez. Revista Estudos Feministas, 2, 1994. (pp. 383-386)

GONZALEZ, Lélia. Por um feminismo afro-latino-americano. Flávia Rios e Márcia Lima (orgs.), Rio de Janeiro: Jorge Zahar Editor, 2020.

GONZALEZ, Lélia. Primavera para rosas negras: Lélia Gonzalez em primeira pessoa. São Paulo/Diáspora Africana: UCPA, 2018.

GRANDE ASSEMBLEIA DAS MULHERES KAIOWÁ E GUARANI. VII Kuñangue Aty Guasu. Tekohá Yvy Katu Potrerito, Japorã-MS, 16 a 20 de setembro, 2019. Disponível em https://apublica.org/wp-content/uploads/2019/10/relatorio-final-da-vii-kunangue-aty-guasu-2019.pdf

GUERRA, Claudio. Memórias de uma Guerra Suja. Rio de Janeiro: Topbooks, 2012.

HILL COLLINS, Patricia & BILGE, Sirma. Interseccionalidade. Trad. Rane Souza. São Paulo: Boitempo, 2021.

HILL COLLINS, Patricia. Pensamento feminista negro: conhecimento, consciência e a política do empoderamento. Trad. Jamille Pinheiro Dias. São Paulo: Boitempo, 2019.

HOLLANDA, Heloísa Buarque de. Explosão feminista: arte, cultura, política e universidade. São Paulo: Companhia das Letras, 2018.

HOWES, Robert. João Antonio Mascarenhas (1927-1998): pioneiro do ativismo homossexual no Brasil. Cadernos AEL: Homossexualidade, sociedade, movimentos e Lutas. Campinas, Unicamp/IFCH/AEL, v. 10, n. 18/19, 2003. (pp. 291-309)

Inacreditável: há 40 anos, mulheres ainda eram proibidas de jogar futebol no Brasil. Oi do seu lado. 9 de junho, 2019. Disponível em: https://oidiario.com.br/futebol-feminino-copa-do-mundo/

KUCINSKI, Bernardo. À comissão especial do Ministério da Justiça dos Mortos e Desaparecidos Políticos, 1996. Disponível em: http://comissaodaverdade.al.sp.gov.br/upload/014-solicitacao-cemdp-lista-agentes.pdf

KUCINSKI, Bernardo. K. São Paulo: Editora Expressão Popular, 2012.

LAGARDE, Marcela. Conceitos gerais: identidade e subjetividade feminina. In: Manual de Capacitação em Direitos Humanos das Mulheres Jovens e a aplicação da CEDAW, Rede Latino-americana e Caribenha de Jovens pelos Direitos Sexuais e Reprodutivos (REDLAC) e Programa Mulher, Justiça e Gênero (ILANUD), 2004.

LERNER, Gerda. A Criação do Patriarcado. Trad. Luiza Sellera. São Paulo: Cultrix, 2019

LIMA, Caroline. Aira Bonfim, a pesquisadora que resgata a verdadeira história do futebol no Brasil. Especial para o Huffpost.

Observatório da Discriminação Racial no Futebol, 2018. Disponível em: https://observatorioracialfutebol.com.br/aira-bonfim-a-pesquisadora-que-resgata-a-verdadeira-historia-do-futebol-no-brasil/

LIMA, Daniela. Uma luta pela igualdade. Correio Braziliense. Brasília, 28 de outubro, 2007. Disponível em https://www2.camara.leg.br/atividade-legislativa/legislacao/Constituicoes_Brasileiras/constituicao-cidada/a-constituinte-e-as-mulheres/arquivos/Artigo%20CB%20Mulheres%20Constituintes.pdf

LIMA, Dulcilei C. Desvendando Luiza Mahin: um mito libertário no cerne do Feminismo Negro, Rio de Janeiro: Multifoco, 2014.

Longe do ponto final. ISTOÉ, São Paulo, 8 de abril, 1987. (pp. 26-27)

MACEDO, Laura. Chiquinha Gonzaga, A mãe da Juriti. Teatro de Revista. 9 de março, 2010. Disponível em: https://blogln.ning.com/profiles/blogs/chiquinha=-gonzaga-a-mae-da?id-2189391%3ABlogPost%3A274779&page=2

MAGNO, M.D. Améfrica Ladina: introdução a uma abertura. In: Acesso à lida de Fi-menina: seminário 1980. Rio de Janeiro: NovaMente, 2008.

MARQUES, Marília. Dia da Mulher: 'Checaram duas vezes se eu era deputada ou não', diz 1ª indígena eleita para o Congresso. G1. 8 de março, 2019. Disponível em: https://g1.globo.com/df/distrito-federal/noticia/2019/03/08/dia-da-mulher-checaram-duas-vezes-se-eu-era-deputada-ou-nao-diz-1a-indigena-eleita-para-o-congresso.ghtml

MARQUES, Stanley Souza. A identidade do sujeito constitucional e o direito fundamental à Licença Paternidade. Tese de doutorado. Faculdade de Direito. UFMG, 2016.

MELO, Hildete Pereira de. Histórias e memórias das lutas feministas no processo constitucional de 1985 a 1988: o papel do Conselho Nacional dos Direitos da Mulher (CNDM). In: P.

Tuma Martins Bertolin, D. A. de Andrade, M. Sapucaia Machado (orgs), Carta das Mulheres Brasileiras aos Constituintes – 30 anos depois. São Paulo: Editora Autonomia Literária, 2018. (pp. 36-66)

MILLET, Kate. Sexual Politics. Urbana and Chicago: University of Illinois Press, 1970.

PALLARES-BURKE, Maria Lúcia. Travessura Revolucionária: uma teia de erros em torno da feminista Nísia Floresta, nascida há 210 anos. Revista Piauí, 6 de outubro, 2020. Disponível em: https://piaui.folha.uol.com.br/travessura-revolucionaria/

PETRONE, Talíria. Violência contra Mulheres na Política: Sobre estar vereadora em Niterói e outras coisas mais. Folha de São Paulo, 29 de novembro, 2017. Disponível em: https://agoraequesaoelas.blogfolha.uol.com.br/2017/11/29/violencia-contra-mulheres-na-politica-taliria-petrone/?loggedpaywall

PIMENTEL, Silvia. A Mulher e a Constituinte: uma contribuição ao debate. São Paulo: Editora Cortez e EDUC, 1985.

PIRES, Breiller. A Copa do despertar feminista de Marta: "O futebol feminino depende de vocês para sobreviver". El País. 24 de junho, 2019. Disponível em: https://brasil.elpais.com/brasil/2019/06/23/deportes/1561293444_607682.html

PITANGUY, Jacqueline. A Carta das Mulheres Brasileiras aos Constituintes: memórias para o futuro. In: In: P. Tuma Martins Bertolin, D. A. de Andrade, M. Sapucaia Machado (orgs), Carta das Mulheres Brasileiras aos Constituintes - 30 anos depois. São Paulo: Autonomia Literária, 2018. (pp. 12-22)

PITANGUY, Jacqueline. Mulheres, Constituinte e Constituição. In: Maria Aparecida Abreu (org.), Redistribuição, reconhecimento e representação: diálogos sobre igualdade de

RATTS, Alex & RIOS, Flávia. Lélia Gonzalez. São Paulo: Selo Negro, 2010.

REDLAC/ILANUD. Manual de Capacitação em Direitos Humanos das Mulheres Jovens e a aplicação da CEDAW, Rede Latino-americana e Caribenha de Jovens pelos Direitos Sexuais e Reprodutivos (REDLAC) e Programa Mulher, Justiça e Gênero (ILANUD), 2004.

REIS, Maria Firmina. A Escrava. Niterói: Itapuca, 2020.

REIS, Maria Firmina. Gupeva. São Paulo: Pince-nez, 2021.

REIS, Maria Firmina. Ursula. Porto Alegre: Figura de Linguagem, 2018.

RIBEIRO, Djamila. Lugar de Fala. São Paulo: Jandaíra, 2019.

RIOS, Flavia. Lélia Gonzalez, uma intelectual amefricana. Cult. 3 de março, 2020. Disponível em: https://revistacult.uol.com.br/home/uma-intelectual-ameafricana/

RUFINO, Alzira; IRACI, Nilza & PEREIRA, Maria Rosa. A mulher negra tem história. Santos: Edição da autora, 1987.

SAFFIOTI, Heleieth. A mulher na sociedade de classes. São Paulo: Expressão Popular, 2013.

SAFFIOTI, Heleieth. I. B. Gênero, Patriarcado, Violência. São Paulo: Editora Expressão Popular, 2004.

SANTOS, Natália Neris da Silva. A voz e a palavra do movimento negro na Assembleia Nacional Constituinte: um estudo das demandas por direitos. Dissertação de Mestrado. Fundação Getúlio Vargas, São Paulo, 2015.

SCHPUN, Mônica Raisa. Entre feminino e masculino: a identidade política de Carlota Pereira de Queiroz. Cadernos Pagu, 12, 1999. (pp.331-377)

SCHUMAHER, Schuma & BRAZIL, Érico Vital. Dicionário de Mulheres do Brasil: de 1500 até a atualidade. Rio de Janeiro: Jorge Zahar Editor, 2001.

SILVA, Benedita da. Live. 27 de agosto, 2020.

SILVA, Benedita da. Reunião da Subcomissão dos Negros, Populações Indígenas, Pessoas Deficientes e Minorias, Atas. 28 de abril, 1987. (pp. 75 a 77)

SILVA, Salete Maria da. A Carta Que Elas Escreveram. As mulheres na Constituinte de 1987/1988. Curitiba: Instituto Memória, 2016.

SIQUEIRA NETO, José Francisco. Carta das Mulheres à Assembleia Nacional Constituinte: um legado muito além da constituição. In: In: P. Tuma Martins Bertolin, D. A. de Andrade, M. Sapucaia Machado (orgs), Carta das Mulheres Brasileiras aos Constituintes - 30 anos depois, São Paulo: Autonomia Literária, 2018. (pp. 46-54)

SOUZA, Duda Porto & CARARO, Aryane. Extraordinárias: Mulheres que revolucionaram o Brasil. São Paulo: Seguinte, 2017.

SOUZA, Marcelle Souza. Que seja lei aqui também! As lições que podemos aprender com a legalização do aborto na Argentina, AzMina. 9 de fevereiro, 2021. Disponível em: https://azmina.com.br/reportagens/que-seja-lei-aqui-tambem-as-licoes-que-podemos-aprender-com-a-legalizacao-do-aborto-na-argentina/

SUPREMO TRIBUNAL FEDERAL. Supremo ouve sustentação da advogada-índia. Jusbrasil, 2008. Disponível em: https://stf.jusbrasil.com.br/noticias/100886/supremo-ouve-sustentacao-da-advogada-india

TELES, Maria Amélia de Almeida. Breve História do Feminismo no Brasil e outros ensaios. São Paulo: Alameda, 2017.

TELES, Maria Amélia de Almeida. Heleieth, a ousadia do livre pensar feminista! Caros Amigos, Edição especial. São Paulo, 2010. Disponível em: https://fpabramo.org.br/2011/01/13/heleieth-a-ousadia-do-livre-pensar-feminista-1-1934-2010/

TICIANELI, Edberto. Trajetória da sufragista negra: Almerinda Farias Gama. História de Alagoas, 8 de março, 2021. Disponível em: https://www.historiadealagoas.com.br/trajetoria-da-sufragista-negra-almerinda-farias-gama.html

VILELA, Pedro Rafael. Eleição 2020 marca ascensão da diversidade na vida política do país. Brasil de Fato, 19 de novembro, 2020. Disponível em: https://www.brasildefato.com.br/2020/11/19/eleicao-2020-marca-ascensao-da-diversidade-na-vida-politica-do-pais

WIKIPEDIA. Maria Firmina dos Reis. Disponível em: https://pt.wikipedia.org/wiki/Maria_Firmina_dos_Reis

Sobre a autora

Sou Maria Amélia de Almeida Teles, mais conhecida como Amelinha Teles. Sou feminista e militante política. Trabalhei em diversos jornais. Na clandestinidade, militei na imprensa, no jornal “A Classe Operária”. Por isso fui presa e torturada pelo DOI- CODI (conhecido também como Oban), que estava sob o comando do então Major Carlos Alberto Brilhante Ustra (1932-2015), juntamente com meu companheiro, César Augusto Teles (1944-2015) e com o dirigente comunista, Carlos Nicolau Danielli (1929-1972), assassinado brutalmente sob torturas no DOI-CODI. Tive meus filhos, Janaína de 5 anos e Edson Luis de 4 anos, sequestrados, juntamente com minha irmã, Crimeia Alice Schmidt de Almeida, grávida de 8 meses. Meus filhos foram obrigados a assistir as torturas infligidas a mim e ao pai. Minha irmã também foi torturada e as crianças ficaram por um tempo no DOI-CODI e foram usadas para pressionar e torturar os seus pais e sua tia Criméia.

Sou conhecida por denunciar as torturas, os assassinatos e desaparecimentos de militantes políticos durante a ditadura. Em 2005, minha família, conhecida como “Família Teles” entrou com ação judicial para que o Estado brasileiro declarasse torturador o então Coronel do Exército, reformado, Carlos Alberto Brilhante Ustra. A ação judicial foi vitoriosa. Ganhamos na primeira instância em 2008, na segunda instância em 2012 e no Superior Tribunal de Justiça (STJ) em 2014. Portanto, o Coronel Ustra foi declarado torturador conforme decisão judicial. Aliás, é único torturador da Ditadura Militar a ser reconhecido e declarado como torturador pelo Estado brasileiro.

Fui uma das 52 mulheres brasileiras indicadas para o Prêmio Nobel da Paz, quando houve uma iniciativa feminista mundial de uma proposta coletiva de 1000 mulheres pela paz, em 2005.

Eu nasci em Contagem, Minas Gerais, em 6 de outubro de 1944. Vivi em diversas outras cidades brasileiras e vivo em São Paulo desde que saí da prisão. Aqui, recebi o título de cidadã paulistana em 2007 da Câmara Municipal de São Paulo.

Eu desenvolvo um trabalho de militância feminista há pelo menos 50 anos. Sou fundadora da União de Mulheres de São Paulo, uma das coordenadoras do Projeto Promotoras Legais Populares (PLPs), que é um projeto de educação popular feminista em direitos, sou integrante da Comissão de Familiares de Mortos e Desaparecidos Políticos e fui assessora da Comissão da Verdade do Estado de São Paulo "Rubens Paiva".

Sou escritora e autora de diversos livros sobre feminismo e direitos humanos das mulheres, tais como *Breve História do Feminismo no Brasil* (1993), *O que é violência contra a Mulher?* (2002) em co-autoria com Monica de

Melo, *O que são os direitos humanos das mulheres?* (2006), *Os cursos de Direito e a perspectiva de gênero* (2006), *Da guerrilha à imprensa feminista* (2013) com Rosalina Santa Cruz Leite e *Breve história do feminismo no Brasil e outros ensaios* (2017), além de co-organizadora de *Por que a creche é uma luta das mulheres?* (2018).

Continuo firme na luta em defesa da liberdade, da justiça social e da democracia.

Alameda nas redes sociais:
Site: www.alamedaeditorial.com.br
Facebook.com/alamedaeditorial/
Twitter.com/editoraalameda
Instagram.com/editora_alameda/

Esta obra foi impressa em São Paulo no verão de 2023. No texto foi utilizada a fonte Electra LH em corpo 11,3 e entrelinha de 16 pontos.